兵团社科基金重点项目

国家通用语言文字教育对少数民族劳动力就业及收入的影响效应研究

苏　荟　张继珍　著

中国农业出版社
北　京

前言

FOREWORD

新疆位于中国西北地区，地处亚欧大陆腹地，是多民族聚居地区，也是多语言、多文字、多种文化并存地区。学习使用国家通用语言文字（在本书中，根据不同情况，国家通用语言文字有时与国家通用语言、普通话等通用），是繁荣发展新疆各民族文化的历史经验，是培育中华民族共同体意识，促进各民族之间广泛交往、全面交流、深度交融，增进文化认同和国家认同，增强中华民族的凝聚力的应有之举。推进国家通用语言文字教育是全面保障公民受教育权的重要体现，符合各族人民群众的根本利益。《中华人民共和国教育法》（以下简称《教育法》）规定："国家通用语言文字为学校及其他教育机构的基本教育教学语言文字，学校及其他教育机构应当使用国家通用语言文字进行教育教学。"语言能力和个人的发展高度关联，国家通用语言文字教育能够促进人的全面发展，民族地区更应注重满足个体对国家通用语言文字的需求，让各族人民群众享受更加公平、更有质量的教育。通过学习掌握国家通用语言文字，提升各族人民群众语言文字能力，促使各族人民群众更好学习文化知识和技术技能，促进各族人民群众迈进城镇化，促进高质量充分就业，促进各民族走向现代化。

推进国家通用语言文字教育，提高各族人民群众文化素质，提升劳动力就业能力，推进产业升级发展，吸纳劳动力高质量就业，能够最大限度地获取语言文字的经济红利，发挥国家通用语言文字教育的政治、经济、文化、社会等效应，从而更好实施依法治疆、团结稳疆、文化润疆、富民兴疆、长期建疆的国家治疆方略，最终达到社会稳定和长治久安总目标。本书针对新疆生产建设兵团（以下简称“兵团”）普及国家通用语言文字教育，探讨国家通用语言文字教育对新疆少数民族劳动力就业及收入的作用机制及影响效应，将国家通用语言文字教育与劳动力就业、收入、新疆社会稳定、国家安全关联一体，从国家通用语言文字教育提升劳动力人力资本及多维影响效应等方面提出普及国家通用语言文字教育可以促进少数民族劳动力就业、提升各族人民群众生活水平、铸牢中华民族共同体意识，并从兵团普及国家通用语言文字教育的战略举措、保障机制、政策工具及实施路径等方面提出政策建议，以期对该领域研究和政策实践提供理论和实际参考。

本书运用多学科理论和方法分析了国家通用语言文字教育对兵团维稳戍边和少数民族劳动力个体的重要意义，调查了兵团普及国家通用语言文字教育和少数民族劳动力国家通用语言文字能力现状，分析了国家通用语言文字教育对兵团少数民族劳动力就业及收入的影响机制，阐述了少数民族劳动力接受国家通用语言文字教育能有效提升交流沟通和获得其他技能的能力，并可通过参与非农就业提高劳动生产率，提升劳动收入，走向共同富裕的发展道路。从政策工具视角研究了兵团普及国家通用语言文字教育政策变迁与实施路径。基于以上研究得出结论：普及国家通用语言文字教育是兵团稳疆固边和新疆社会稳定的战略举措，对提升兵团少数民族劳动力就业及收入、巩固拓展脱贫攻坚成果、接续乡村振兴、实现共同富裕有长期显著的影响效应。从而提出以下几方面政策建议：一是兵团普及国家通用语言文字教育应提升到稳疆兴疆的国家战略层面，二是进一步完善兵团普及国家通用语言文字教育的政策体系与保障机制，三是深入推进兵团少数民族劳动力的国家通用语言文字教育普及工作。

本书是兵团社会科学基金重点项目“国家通用语言文字普及教育对兵团少数民族劳动力就业及收入的影响效应研究”的研究成果。项目立项者苏荟负责研究整体设计和成果的撰写，参加本成果撰写的人员还有刘洋、白玲、张新亚、张宝文、向茂冬五位研究生。项目成员张继珍、张继伟等参与了项目研究。由于研究人员知识水平、科研能力有限等，本研究成果难免存在不妥之处，敬请专家学者批评指正。

感谢中国农业出版社给予本书出版的帮助。

目 录 CONTENTS

第一章 绪论

第一节 研究背景、意义和综述

一、研究背景

新疆地处中国西北边陲，长期以来，受历史和自然等因素的影响，发展相对滞后，相对贫困人口较多。特别是南疆四地州生态环境恶劣，经济基础薄弱，就业承载能力严重不足，曾是国家确定的深度贫困地区，是巩固拓展脱贫攻坚成果的重点区域。南疆是多民族聚居地区，少数民族人口占比高，国家通用语言文字普及程度相对不高，部分少数民族劳动力学习掌握现代科学知识、学习就业技能、改善经济条件、提升自我发展能力不够积极，一些群众思想观念较落后，文化程度不高，就业能力不足，就业率较低，收入相对有限，生活相对贫困。做好劳动力就业工作，对于保障各族人民群众劳动就业权利、发展和改善民生、促进社会和谐稳定意义重大。2020 年我国决战脱贫攻坚取得决定性胜利，进入全面推进乡村振兴的新阶段。新时代，兵团积极履行党中央赋予的历史使命，努力建设成安边固疆的“稳定器”、凝聚各族人民群众的“大熔炉”、先进生产力和先进文化的“示范区”，发挥兵团特殊体制优势，坚定不移推广普及国家通用语言文字，促进各民族交往交流交融，不断巩固和发展“中华民族一家亲、同心共筑中国梦”，将普及国家通用语言文字教育作为实现兵团履行“三大功能”、发挥“四大作用”的战略举措和重要保障。新疆地区，特别是南疆地区，巩固拓展脱贫攻坚成果、接续乡村振兴的任务仍然十分艰巨。在兵团南疆师市团场、边境团场、偏远团场，少数民族较集中，国家通用语言文字普及还不够，语言能力和就业能力仍不足，推广普及国家通用语言文字教育以促进就业和各民族交往交流交融仍然需要进一步加强和提升。

新疆是一个多民族聚居的地区，共有 56 个民族成分，其中世居民族有汉族、维吾尔族、哈萨克族、回族、柯尔克孜族、蒙古族、塔吉克族、锡伯族、满族、乌孜别克族、俄罗斯族、达斡尔族、塔塔尔族 13 个。新疆拥有丰富的语言和多样的文字，推广普及国家通用语言文字，有利于各民族交往交流交融，促进经济、社会、文化等各项事业发展，也是保障新疆各民族平等权利的基本前提。语言文字是人类最重要的交际工具和信息载体，是文化的基础要素和鲜明标志，是促进历史发展和社会进步的重要力量。推广普及国家通用语言文字教育是新疆各族人民群众接受高质量教育的惠民政策，是推进新疆经济、社会、文化发展，维护国家统一和民族团结，促进新疆社会稳定和长治久安的战略举措。

目前，兵团国家通用语言文字普及水平仍然不高，国家通用语言文字教育教学质量仍有很大提升空间，兵团职工群众国家通用语言文字教育培训针对性不强、效果不明显、与职业技能培训结合仍不够紧密，特别是针对少数民族劳动力转移就业所需语言能力和职业技能的培训仍然需要深入。兵团坚定不移加强推广普及国家通用语言文字教育，扎实做好提升各级学校国家通用语言文字教育教学质量，拓展做实各类国家通用语言文字教育培训，切实提升少数民族劳动力的语言能力和就业能力。推广普及国家通用语言文字，有利于促进各民族交往交流交融，有利于增强中华文化认同，有利于铸牢中华民族共同体意识，巩固中华民族多元一体格局。兵团必须旗帜鲜明地巩固和加强国家通用语言文字主体地位，必须坚定不移地推广普及国家通用语言文字教育，必须持之以恒地提升国家通用语言文字教育教学质量。

二、研究意义

兵团大力推广普及国家通用语言文字教育，加强对少数民族劳动力的国家通用语言文字教育，对提升兵团少数民族劳动力基本素质、提高职业技能和增强就业创业能力等方面起到基础性作用，对维护国家统一、促进民族团结和社会稳定发挥着重要的基础作用，对巩固拓展脱贫攻坚成果、实现共同富裕具有重要的战略意义。针对兵团少数民族劳动力国家通用语言文字能力对其就业及收入的影响效应，揭示语言文字能力对劳动力基本素质、职业技能及就业能力等作用机制及影响效应，对提高兵团少数民族劳动力就业竞争力、促进就业、增加收入，具有一定的有学术价值和实践应用价值。

（一）学术价值

（1）阐释国家通用语言文字教育对兵团少数民族劳动力就业及家庭增收致富，兵团履行“三大功能”、发挥“四大作用”，实现新疆社会稳定、长治久安的理论价值和实践意义。

（2）调查兵团普及国家通用语言文字教育现状，掌握兵团辖区内少数民族劳动力的国家通用语言文字能力、文化素质、职业技能、就业及收入现状，以及典型师市团场推广普及国家通用语言文字教育的工作机制、保障措施及经验做法等，为兵团加强普及国家通用语言文字教育提供理论依据和实践经验。

（3）揭示普及国家通用语言文字教育对兵团少数民族劳动力就业及收入的影响机制，探索兵团少数民族劳动力提升国家通用语言文字能力、促进就业及增加收入的有效路径。

（二）实践应用价值

（1）分析兵团通过普及国家通用语言文字教育提升兵团少数民族劳动力基本素质、职业技能和就业能力、劳动生产率和劳动收入等，提出了兵团提升少数民族劳动力国家通用语言文字能力及促进劳动力就业和增收的政策建议。

（2）总结兵团普及国家通用语言文字教育发挥“致富先增智，扶智先通语”的语言效应，实现教育成边、教育兴边，巩固拓展脱贫攻坚成果、接续乡村振兴，推进兵团经济社会发展的理念和思路，为民族地区提供经验。

（3）提出解决好兵团少数民族劳动力就业，全面普及国家通用语言文字教育的政策建议，对发挥兵团维稳成边功能、促进新疆稳定和国家安全具有重要的战略意义。

三、研究综述

（一）国外相关研究的文献梳理及研究动态

有关语言教育对职业技能、劳动力就业及收入影响的研究成果丰富。

通用语言具有更高的收益性，为了降低交易成本或者获得更高的收益，人们通常使用大语种语言①。在更为详细的研究中，国外学者基于通用语言和语言认同的概念，通过对参与合作项目的职业教育学生实施语言教学法并对学生职业技能的影响进行研究，得出语言教育对职业技能提升具有较大影响②。语言能力的提升，会给劳动者就业带来较大的就业机会。例如，精通英语会对劳动力获得吸引人的就业机会产生较大影响③。基于劳动力市场分割理论，采用多元线性回归模型，学者还发现劳动力语言能力会影响劳动力职业技能及就业市场选择④。一些学者还运用 OLS 模型对语言技能存在的内生性问题进行消弭，得出劳动力市场对语言技能的需求选择⑤。近些年，有学者发现习得外语对劳动力就业或失业的影响机制较为明显，语言学习能力较强的劳动力，其失业率较低，反之亦然⑥。语言的统一有助于现代国家实现国家范围内的有效沟通与交流，并且在疆界划分方面发挥重要作用⑦。英国、西班牙的学者分别研究了英国的语言推广政策和西班牙语的传播政策，说明语言的推广与语言政策的制定有很大关系，语言的海内外广泛推广可以带来众多益处，促进国家在政治、经济、文化等方面的发展⑧。

（二）国内相关研究的文献梳理及研究动态

国内学者从国家通用语言文字的政策、教育推广、经济社会效益等方

---

① Lazear E. “Culture and Language”，Journal of Political Economy，1999，107（6）：95－126.

② Moraitis P，Carr A，Daddow A. Developing and Sustaining New Pedagogies：A Case for Embedding Language，Literacy and Academic Skills in Vocational Education Curriculum [J]. International Journal of Training Research，2012，10（1）：58－72.

③ Duncan A，Mavisakalyan A. Russian language skills and employment in the Former Soviet Union [J]. Economics of Transition，2015，23（3）：625－656.

④ Bormann S K，Ridala S，Toomet O S. Language skills in an ethnically segmented labour market：Estonia 1989—2012 [J]. International Journal of Manpower，2019，40（2）：304－327.

⑤ Schuss E. The Impact of Language Skills on Immigrants' Labor Market Integration：A Brief Revision with a New Approach [J]. Journal of Economic Analysis and Policy，2018，18（4）.

⑥ Gazzola M，Mazzacani D. Foreign language skills and employment status of European natives：evidence from Germany，Italy and Spain [J]. Empirica，2019（46）：1－28.

⑦ Caviedes A. The Role of Language in Nation-Building within the European Union [J]. Dialectical Anthropology，2003（27）：249－268.

⑧ Cooper R L. Language Planning and Social Change [M]. Cambridge：CambridgeUniversity Press，1989：92－100.

面进行了研究。从国家通用语言文字政策角度，有学者认为国家通用语言文字教育历程 70 年，语言文字政策主要经历了文字改革、语言规范化标准化信息化、语言立法、语言保护、语言服务和语言能力、语言战略以及语言政策流变七大主题，了解语言政策的发展历程是研究通用语言社会经济效用的基础①。国内学者在《我国国家通用语——普通话推广的历史考察及其启示》中就国家通用语言推广的发展进行了描述：首先对通用语的宏观政策进行系统梳理，其次阐述国家推广通用语工作机构的沿革，随后梳理了学校、党政机关、广电媒体和公共服务四大领域的国家通用语普及进程，再对微观国家通用语普及工作实施演进（包括考察城市目标管理量化评估、通用语水平测试等）进行梳理，最后阐述港澳台地区的普通话普及进程②。

国家通用语言文字政策的社会文化价值方面的研究如下。国家通用语言文字政策实施，于社会文化价值而言，提升了人民群众国家文化认同感及共同体意识。国家通用语言文字跟国旗、国歌一样，是一个国家的象征和标志，同时体现了一个国家的独立，象征着一个国家的主权和民族尊严。它对于维护国家统一和民族团结，对于建设社会主义物质文明和精神文明具有重要作用③。普通话和规范汉字作为国家通用语言文字是影响共同体意识生成的基本条件，国家通用语言文字教育在铸牢中华民族共同体意识上发挥基础性和渗透性作用④。国家通用语言文字在民族地区铸牢中华民族共同体意识中发挥教育的双重力量，推进民族地区国家通用语言文字教育向内涵发展转变，对实现维护社会稳定、服务经济发展有重要作用⑤。

国家通用语言文字政策的经济价值相关研究如下。于经济价值而言，首

① 周庆生．中国语言政策研究七十年［J］．新疆师范大学学报（哲学社会科学版），2019，40（6）：2，60－71.

② 孙海娜．我国国家通用语——普通话推广的历史考察及其启示［D］．北京：首都师范大学，2006.

③ 姚喜双．大力推广和规范使用国家通用语言文字［J］．语言文字应用，2012（2）：6－13.

④ 张学敏，石泽婷．民族教育发展与中华民族共同体意识建设的内生逻辑——新中国 70 年民族教育及其政策回溯与前瞻［J］．西南大学学报（社会科学版），2019，45（4）：5－18，197.

⑤ 袁同凯，朱筱煦．发展民族地区教育事业 铸牢中华民族共同体意识［J］．西北师大学报（社会科学版），2020，57（1）：22－29.

先，在语言经济学视角下，语言是一种人力资本组成要素，是决定劳动力市场就业及收入的重要因素之一，与社会经济活动和个人经济地位密切相关①。其次，语言还具有多层级经济力量，对个人、企业及国家都有重要的经济意义②。作为重要人力资本要素的语言文字能力，更是与劳动者收入有着密切联系。劳动者提高国家通用语言文字的听、说、读、写能力能显著提高其收入水平③。最后，对国家长治久安、民族团结、实现可持续发展目标而言，国家通用语言政策成为民族地区增收致富的“语言红利”④。一种语言的通用程度是该语言的学习成本和相应母语国的经济文化影响力的函数，经济强势是语言强势的重要原因⑤。

国家教育政策效应评价相关研究如下。对国家教育政策评价，有学者结合国内外最新研究成果，阐释工具变量法、倍差法、匹配法、断点回归等计量方法的基本原理及实际应用⑥。有学者利用分位数处理效应模型，检验经济转型时期两次教育政策对农村劳动力教育收益的影响，并对样本出现内生性异质问题进行研究⑦。在分析现实国家通用语言政策效应中，有学者对比南北疆国家通用语言政策的实施效果和现实差异发现，目前我国在新疆推广语言政策上还有很大的发展空间，尤其是南疆喀什地区⑧。宴坤运用配对变语实验法和调查问卷法对以母语为方言的青少年进行了调查，分析了青少年对于普通话和方言的态度及具体的语言使用情况，还考察了地方校园普通话

---

① 张卫国．作为人力资本、公共产品和制度的语言：语言经济学的一个基本分析框架［J］．经济研究，2008（2）：144－154.

② 王海兰．语言的多层级经济力量分析［J］．理论学刊，2015（5）：54－60.

③ 王海兰，崔萌，尼玛次仁．“三区三州”地区普通话能力的收入效应研究——以西藏自治区波密县的调查为例［J］．云南师范大学学报（哲学社会科学版），2019，51（4）：49－58.

④ 石琳．精准扶贫视角下少数民族地区国家通用语言文字普及深化的策略［J］．社会科学家，2018（4）：150－156.

⑤ 黄少安，苏剑．语言经济学的几个基本命题［J］．学术月刊，2011，43（9）：82－87.

⑥ 胡咏梅，唐一鹏．公共政策或项目的因果效应评估方法及其应用［J］．华中师范大学学报（人文社会科学版），2018，57（3）：168－181.

⑦ 方超，黄斌．教育扩张与农村劳动力的教育收益率——基于分位数处理效应的异质性估计［J］．经济评论，2020（4）：80－95.

⑧ 李志忠，游千金．新疆南北疆维吾尔族国家通用语言水平的现实差异研究［J］．新疆社会科学，2017（4）：64－72.

推广普及工作的成绩，并对语言发展态势进行了预测[①]。

（三）国内外研究现状述评

纵观国内外研究，国外学者强调语言教育对劳动者职业技能的影响，通过教学提高语言学习能力。语言学习能力提升会对劳动力就业市场的选择带来影响。而我国学者针对国家通用语言文字教育普及的研究，不仅从语言政策的社会文化价值入手，更对其经济价值进行深入分析；不仅从语言能力对劳动力就业及收入影响进行研究，还对语言学习的内生性问题进行研究。对新疆而言，各地劳动力数量充足，但劳动力质量不高且就业不充分、劳动生产率低，原因在于劳动力的国家通用语言、职业技能等就业能力与劳动力市场需求不适应。基于此，本书以推广普及国家通用语言文字教育为背景，针对兵团少数民族劳动力国家通用语言文字能力对就业及收入影响效应进行研究，以期从兵团普及国家通用语言文字教育、劳动力增收和边疆稳定等方面提出政策建议。

四、理论基础

（一）人力资本理论

20世纪60年代，美国经济学家舒尔茨和贝克尔等人创立了人力资本理论。该理论认为人力资本是体现在人身上的资本，即对生产者进行教育、职业培训等支出以及其在接受教育时的机会成本等的总和，表现为蕴含于人身上的各种生产知识、劳动与管理技能以及健康素质的存量总和[②]。舒尔茨认为人力资本的积累是社会经济增长的源泉，教育促进经济增长是通过提高人们处理不均衡状态能力的具体方式实现的[③]。贝克尔进一步提出收集信息、情报资料也是人力资本内容之一[④]。南疆劳动力属于人力资本积累水平较低的群体，尤其是南疆少数民族劳动力不但存在语言交流上的障碍，还存在知

---

① 宴坤．喀什市维吾尔族国家通用语言文字抽样调查研究［D］．乌鲁木齐：新疆师范大学，2016.

② 靳希斌．教育经济学［M］．北京：人民教育出版社，2016.

③ 舒尔茨．人力资本投资——教育和研究的作用［M］．蒋斌，张蘅，译．北京：商务印书馆，1990.

④ 贝克尔．人力资本［M］．梁小民，译．北京：北京大学出版社，1987.

识存量少和技能水平低等问题。这些问题在一定程度上影响了南疆劳动力流动的意愿，不利于劳动力在产业间流动或向外部流动。此外，由于南疆地区地理位置偏僻，特别是农村地区的交通不便和网络通信覆盖率低，严重影响了南疆劳动力收集就业信息的能力，增加了其选择流动的成本，从而抑制了劳动力的流动。

（二）公共产品理论

公共产品理论是判定一个产品是否为公共品的依据，也是甄别人类生存发展所需各种产品属性的基本原则。其最初起源于霍布斯提出的社会契约论。霍布斯提出了国家的本质，即一大群人相互订立信约，每个人都对国家的行为授权，以便使国家能按其认为有利于大家的和平与共同防卫的方式运用全体力量和手段的一个人格。该定义一方面指出了国家是一种公共品性质的社会契约，另一方面认为政府的职能就是为个人提供公共服务。20 世纪 50 年代，萨缪尔森运用数学表达式给出了公共品的精确定义。他认为，所谓公共品就是所有成员集体享用的集体消费品，社会全体成员可以同时享用该产品，而每个人对该产品的消费都不会减少其他社会成员对该产品的消费。奥尔森则认为，任何产品，如果一个集团中的任何人都能够消费它，且不能排斥其他人对该产品的消费，则该产品为公共品。根据公共品理论，从享用主体性质来看，全社会物品可以划分为公共品和私人物品两大类[①]。公共品又可进一步细分为纯公共品和准公共品，同样，私人物品也可分为纯私人物品与准私人物品。其中，准公共品和准私人物品又被统称为“混合物品”。萨缪尔森认为，纯公共品是指任何一个人对其消费都不会减少他人对其消费的产品，是为整体意义上的全社会成员而产生的，具有共用效益的特点。纯私人物品是指只有获取某种物品的人才能消费的产品，它是从市场上购买和消费的一般性商品、服务或资源。而混合物品则介于纯公共品和纯私人物品之间，是具有两者部分特征的商品或劳务。

（三）语言教育促进劳动力就业和收入的理论依据

从经济学的角度来讲，语言能力是一种人力资本要素。因为它满足以下

① 贾海彦．公共品供给中的政府经济行为分析——一个理论分析框架及在中国的应用［M］．北京：经济科学出版社，2008.

标准：需要花费一定的代价才能获得，如金钱、时间等；语言能力的提高可以为劳动者带来收益，产生经济价值；同时必须依附于人体存在，不能脱离人的身体。根据内生增长理论，语言能力的提升促使劳动力人力资本不断累积，成为收入持续增长的内生动力。尤其是对少数民族劳动力来讲，语言技能的提升在提高工作效率、为企业带来更高经济价值的同时，为少数民族劳动力自身带来了更好的发展机会与工作岗位，对个体收入增长具有重要意义。

作为人力资本的重要形式，语言能力不仅可以提升工作效率，还能够促进劳动力迁移，实现区域资源的自由流动和社会资源的有效配置。此处的迁移并不仅指劳动力在不同地域间的流动，还包括在不同技能水平的行业间的转移，农村向城市的迁移、经济欠发达地区向经济发达地区的迁移、农业部门向非农业部门的迁移以及劳动力在不同行业间的转换均在此范围内。对少数民族劳动力而言，“语言障碍”成为劳动力跨区域、跨部门流动的重要壁垒。而普通话技能的提升能够增加迁移成功的概率，主要体现在：降低流动劳动人口与流入地居民之间的交流阻碍和心理隔阂，促进劳动力对流入城市的认同感与社会融入；在工作搜寻过程中降低迁移的成本；在就业市场信息不对称情况下，发挥信号功能和表征功能，通过向雇主发送有关个人潜力的信号而在求职过程中处于优势地位。因此从根本上看，普通话能力是促进少数民族劳动力迁移的关键因素。近年来，产业结构升级带来工业化和城市化进程加快，劳动力为获取更高收入，不断实现农业部门向非农业部门、经济欠发达地区向经济发达地区的流动。经济发达地区具有更为广阔的发展前景和就业机会，流动人口更易从中享受到人力资本外溢带来的收益，从而实现自身的收入增长和职业成功。由此，本书认为普通话能力提升对少数民族劳动力的就业和收入具有积极影响，并且劳动力迁移成为普通话能力促进收入增长的原动力。

第二节 研究内容

一、研究对象

本书着重分析了国家通用语言文字教育对兵团少数民族劳动力就业及

收入的影响效应，主要从以下方面进行调查和研究：一是兵团辖区内师市团场的少数民族劳动力（16～65岁，具备劳动能力），对其国家通用语言文字能力及就业、收入情况等进行调查；二是社会企事业用人单位负责人，调查分析少数民族劳动力国家通用语言文字能力对其就业及劳动效率的影响情况，分析国家通用语言文字教育影响劳动力就业市场的选择机制。

二、总体框架

第一章，绪论。阐述选题依据，提出本书的学术价值、实践应用价值及创新之处，论述研究内容，拟订研究思路。

第二章，国家通用语言文字教育对兵团维稳戍边和少数民族劳动力个体的重要意义。包括国家通用语言文字教育对劳动者身心发展和道德养成、树立社会主义核心价值观的基础作用，对维护国家统一、促进民族团结和社会发展的重要基础作用，对提高劳动力基本素质、职业技能、就业能力等方面的重要作用。

第三章，兵团普及国家通用语言文字教育和少数民族劳动力语言文字能力的现状分析。分析了兵团普及国家通用语言文字教育现状，兵团少数民族劳动力国家通用语言文字能力现状，以及兵团少数民族劳动力国家通用语言文字教育培训情况。

第四章，国家通用语言文字教育对兵团少数民族劳动力就业及收入的影响机制。阐释国家通用语言文字教育对劳动力人力资本和综合素质提升的理论依据，提出国家通用语言文字能力对少数民族劳动力就业及收入影响的研究假设。实证分析包括：国家通用语言文字教育对兵团少数民族劳动力就业的影响研究，国家通用语言文字教育对兵团少数民族劳动力收入的影响研究，国家通用语言文字教育培训对兵团少数民族农村劳动力转移就业的影响研究。

第五章，国家通用语言文字教育政策效应下兵团少数民族劳动力就业的案例研究。包括兵团师市团场层面国家通用语言文字普及推广的典型案例分析，职业学校、培训机构等国家通用语言文字教育培训的典型案例分析，企业公司等用人单位国家通用语言文字教育培训的典型案例分析。

第六章，兵团普及国家通用语言文字教育政策变迁与实施路径——基于政策工具的分析。包括兵团普及国家通用语言文字教育政策工具分析（权威工具、激励工具、象征与劝诫工具、能力建设工具、系统变革工具和学习工具），基于政策工具下兵团普及国家通用语言文字教育实施路径（政策的权威法规效应、有效激励路径、能力建设路径、系统变革等）。

第七章，研究结论与政策建议。

三、重点难点

（一）国家通用语言文字教育对兵团少数民族劳动力就业及收入的影响机制研究

研究国家通用语言文字教育对少数民族劳动力就业市场分类、行业选择等影响，以及对劳动力收入影响效应的机理机制，从模型建立、数据分析及结果解释等方面分析，验证理论阐释和研究假设。

（二）兵团普及国家通用语言文字教育的实施路径及案例分析

基于政策工具分析及设计优化兵团普及国家通用语言文字教育的政策实施路径，分析语言文字能力促进劳动力就业及增收的典型案例，探讨兵团特殊体制下具有兵团特色的政策的实施策略。

（三）数据的收集与实际调研有一定难度

兵团辖区少数民族遍布南北疆，较分散，不方便调查，且研究对象为少数民族劳动力，语言沟通难度较大，对调查人员要求高、经费需求大。

四、主要目标

本书着重分析国家通用语言文字教育对兵团少数民族劳动力就业及收入的影响效应，提出通过国家通用语言文字教育提升少数民族劳动力就业和收入的对策。第一，调查兵团少数民族劳动力国家通用语言文字能力现状。第二，分析国家通用语言文字教育的理论价值，揭示国家通用语言文字能力对少数民族劳动力就业及收入的影响机制，丰富国家通用语言文字的经济和社会功能的理论成果。第三，提出优化兵团普及国家通用语言文字教育政策实施路径及促进少数民族劳动力就业增收的政策建议。

第三节 研究思路与研究方法

一、研究思路

（一）阐释国家通用语言文字教育的理论价值和重要实践意义

阐释国家通用语言文字教育对兵团维稳戍边的重要价值，国家通用语言文字教育培养少数民族劳动力的中华民族共同体意识，有利于兵团维稳戍边和维护国家安全。分析国家通用语言文字推广普及的经济价值，提高劳动力素质和技能，提升劳动生产率，增加收入等。

（二）调查兵团少数民族劳动力国家通用语言文字教育现状

运用调查问卷及访谈形式，以家庭为单位调研兵团少数民族劳动力国家通用语言文字能力现状。对企业负责人进行访谈，掌握少数民族劳动力国家通用语言文字能力对其在劳动力市场中就业情况的影响，以及岗前国家通用语言文字教育培训现状。

（三）研究国家通用语言文字教育对兵团少数民族劳动力就业及收入的影响机制

运用 Logistics 回归模型分析国家通用语言文字教育对兵团少数民族劳动力就业及收入的影响机制。主要分 3 个层次：一是国家通用语言文字教育对少数民族劳动力就业层次、就业流动性、就业意愿的影响机制；二是国家通用语言文字教育对少数民族劳动力收入期望、收入程度、收入支配方式的影响机制；三是运用工具变量法和倾向得分匹配法（PSM 方法），分析国家通用语言文字教育政策实施下，兵团少数民族劳动力就业及收入的内生性变量对其经济收入的影响机制。由于劳动力本身具有灵活性，所以变量易受其自身影响发生改变，为体现国家通用语言文字教育对劳动力经济发展的实质影响机制，运用工具变量法对内生性变量（如劳动力社会福利情况、劳动力子女数量等）进行分析，以期从多方面完善国家通用语言文字教育对劳动力就业及收入的影响机制研究。

（四）个案研究

对具有代表性的少数民族劳动力、企业代表人、学校和培训部门国家通用语言文字教育实施负责人进行个案研究，以探究劳动力在国家通用语言文字教育前后，员工择用及劳动力效率、就业、收入的改变及影响效应。

（五）提出政策建议

提出优化兵团普及国家通用语言文字教育政策实施路径及促进少数民族劳动力就业增收的政策建议。

二、研究方法

（一）调查研究方法

采用重点调查、问卷调查、访谈调查等方法对兵团南北疆师市团场，即三师 44 团、51 团、53 团等民族聚居地进行重点调查，调查以问卷调查为主，访谈为辅，对家庭中劳动力的基本情况、语言能力、就业职业及收入等核心内容进行调查。调查方式主要包括对团场民族聚居区的入户调查，以及对小学高年级、初中、高中及大学生具有兵团户籍的以家庭为单位调查家庭劳动力情况。选取国家通用语言文字教育政策落实成效显著的典型师市团场及企事业用人单位等进行深入访谈调查，收集典型个案，调查促进少数民族劳动力语言文字能力提升和就业增收的典型案例。

（二）统计与计量的方法

1. 描述性统计

分析兵团普及国家通用语言文字教育和少数民族劳动力语言文字能力现状。运用描述性统计分析少数民族劳动力国家通用语言文字能力及就业收入状况，对劳动力的语言能力、社会环境、居住地位置及城镇化等指标作差异分析。

2. 计量分析

第一，运用因子分析法获取主成分因子，如是否接受国家通用语言文字教育培训等指标，建立 Logistics 回归及 OLS 回归模型，分析国家通用语言文字教育对兵团少数民族劳动力就业及收入的影响。第二，考察国家通用语言文字教育培训对少数民族农村劳动力转移就业的影响，二者可能存在互为因果的关系。少数民族农村劳动力转移就业行为是自我选择的结果，可能受到个人偏好、能力特质等不可观测因素的影响，因而选择扩展回归模型（Extended Regression Model，简称 ERM）以消除内生性问题。第三，分析普通话能力与教育资本对少数民族劳动力就业行为的交互作用。根据

Heckman 两阶段方程对调节变量和自变量进行中心化后，进行层次回归分析，验证“普通话能力提升会引起技能偏向性技术的进步，进而影响人力资本的溢价能力”的传导性理论。第四，为克服普通话能力与少数民族就业及收入之间存在的反向因果关系、遗漏变量等内生性问题，采用工具变量法对模型进行修正。为验证研究结论的稳健性，引入倾向得分匹配法及 IVprobit 法替换 ERM 法进行稳健性检验。

第四节　创新之处

一、研究视角创新

针对国家通用语言文字教育对兵团少数民族劳动力就业及收入的影响效应研究，将国家通用语言文字教育与劳动力就业及收入结合起来，提出了语言文字能力对经济社会发展具有基础性影响作用的理论检验和实践验证，有利于从根本上推进兵团普及国家通用语言文字教育政策深入实施，避免将政策实施与劳动力就业增收的经济社会问题脱离；并将二者与新疆社会稳定、国家安全联系起来，提出了兵团普及国家通用语言文字教育与劳动就业的特殊推进方式和实现路径，不仅提供了一个新视角，而且丰富了相关领域的理论。这是本书的创新之一。

二、研究内容创新

兵团履行“三大功能”、发挥“四大作用”的特殊性决定了国家通用语言文字教育政策和劳动力就业有其特殊性和重要战略意义。兵团团场聚集人口，发挥维稳戍边作用，特别是南疆团场，少数民族职工群众是团场发展的重要力量。少数民族劳动力的国家通用语言文字教育对其职业技能、兵团精神孕育和社会主义核心价值观形成等都具有重要作用，对劳动力就业增收也有显著影响。基于边疆安全和国家战略的国家通用语言文字教育政策实施及就业导向，兵团与内地其他地区不同，提出兵团普及国家通用语言文字教育促进劳动力就业增收有利于边疆稳定和国家安全的维稳固边模式是本书的创新之一。

三、研究方法多样

本书运用统计分析、计量分析、案例分析和政策工具分析的方法，运用经济学、教育学、公共政策学、语言学等多学科交叉研究的方法，分析国家通用语言文字教育政策的实施对少数民族劳动力就业与收入的影响效应，并结合兵团特殊使命和国家安全的战略需要，在研究方法和视角上有一定创新。

第二章 国家通用语言文字教育对兵团维稳戍边和少数民族劳动力个体的重要意义

国家通用语言文字教育是兵团履行维稳戍边职责，推进新疆社会稳定和长治久安的重要战略举措。兵团普及国家通用语言文字教育有利于各族人民群众培育中华民族共同体意识、增强“五个认同”，有利于弘扬以爱国主义为核心的民族精神，增强中华民族的凝聚力和向心力。随着兵团工业化、信息化、城镇化的发展，国家通用语言文字教育能提升少数民族劳动力的语言交流能力和综合素质，能推动兵团辖区内各少数民族劳动力流动和就业，对促进少数民族劳动力就业及增收，巩固拓展脱贫攻坚成果，接续乡村振兴，实现共同富裕具有的重要战略意义。

从人类历史的角度看，语言是一个民族乃至一个国家建构的基本要素，语言的兴衰也关乎其强弱的程度。德国哲学家费希特（Fichte）指出：“内在边界是国家首要的、最初的并且是真正自然的边界。”也就是说，只有讲相同语言的人群通过互相吸引、相互聚集才能形成不可分割的整体，从而形成统一的国家和民族的雏形。古罗马帝国时期，曾以拉丁语作为统一的国家通用语言而运行国家机器，其带来的帝国繁荣又将拉丁语的范围辐射至整个古代欧洲，且拉丁语成为古代欧洲千年来的官方通用语，拉丁语长时间延续并在科学、哲学和神学领域盛行，其影响延及至今。由此，近代欧洲国家在形成过程中，就以前瞻性的视野将语言作为区分民族创建国家的基本依据，并在国家建成之后不遗余力地塑造国家通用语言，普及国家通用语言的教育，致力于推行语言的统一，彰显本国区别于其他民族、国家的历史和文化的差别，强化国民的民族认同和国家认同。可见，欧洲现代国家兴起之后，特定的民族语言成为国家认同的重要标志。以国家意志推行某一语言，使其成为全国的通用语言，成了欧洲国家语言政策的基本方针。

中华民族由 56 个民族组成，各民族间相互融合、相互发展，统一于中华民族的大家庭中，并通过团结合作实现共同繁荣进步，形成了中华民族多元一体格局。其中，“一体”具体指的是各个民族共同统一于“中华民族”这一整体，其核心是国家统一、国家的主流文化统一。然而，作为世界上典型的统一多民族国家，多语言、多文字、多文种构成了“一体”中通用语言状况的鲜明特征。比如在我国55个少数民族中，只有回族和满族通用汉语言，其他的53个少数民族共使用着80余种分属于5个不同语系的语言，因此，在“一体”格局中，民族地区呈现双语甚至多语的现象。但中华民族在治国理政方面具有五千年历史文化积淀，必定以优秀传统文化和语言文字功能作为重要战略资源优势。正因如此，推广普及国家通用语言文字事关各民族整体素质的提高和全面发展，事关我国五千年优秀传统文化的发扬和经济社会的快速发展，事关多元一体下的多文化、多民族团结进步教育事业，也是中国迈向文化强国而逐渐提升综合实力的重要支撑力量，具有不可替代的重要价值。总之，只有中华民族在语言文字方面的统一与强大，才能在21世纪面向新时代把我国建设成为社会主义现代化强国。

新疆地处亚欧大陆腹地、祖国西北边陲，是古代丝绸之路、当代“一带一路”要道，拥有166万平方千米地域面积，约占我国国土面积的1/6，世居13个民族，共有47个民族在此生产和生活。作为中华民族成分最全的省级行政区之一和全国最具特色的少数民族聚集区，新疆5 600多千米的陆地边境线基本都分布着民族聚居的地区，语言使用情况复杂，包含了维吾尔族、哈萨克族、蒙古族、柯尔克孜族、锡伯族、塔吉克族等47个民族的约20种语言。因此，在如此宽广的境域内开展国家通用语言文字教育，是多元一体的中华民族格局对巩固国家统一、加强各民族之间团结、融合民族利益与国家利益的基本要求。于国家而言，国家通用语言文字教育是中华人民共和国主权的象征、国家核心利益的诉求；于新疆而言，国家通用语言文字教育是促进民族交流、构建和谐社会、维护政治清明、保障国家安全、繁荣经济发展的基石，符合新疆各族人民群众的利益与迫切需求。

第一节 文化角度

《中国大百科全书》社会学卷指出：“广义的文化是指人类创造的一切物

质产品和精神产品的总和。狭义的文化专指语言、文学、艺术及一切意识形态在内的精神产品。”从文化视角来看，语言作为一种结构性权力，对人们乃至整个国家信仰、思想体系的影响和制约都不同凡响。因此，应注重统一国家通用语言来维护国家文化利益。国家统一通用语言文字作为一种结构性权力或软权力，通过教育或吸引力而非威逼利诱，不仅能提升行为者的语言文字能力和文化素质，还能通过不同群落行为者之间的互动形成相同的思想、知识和信仰。

一、提升少数民族人民群众的人文素养和文化认同

“文化”的“化”有“化人”的意思，而“化人”是通过教育的媒介完成的。在任何一个国民教育的体系中，语言教育作为素质教育、大众教育的重要内容，都是一切教育的基点和前提，没有语言教育就谈不上文化育人、知识育人、技能育人。一个国家主体民族的现代母语教育，不仅具有文学内容教育的作用，还具有文化传承的作用，它在很大程度上决定着一国文化发展的基本方向。因此，在全国范围内规范通用语言文字，普及国家通用语言文字教育是素质教育和大众教育的的必要途径，对于全面推进知识教育、技能教育从而提高国民的人文素养具有重要意义。对新疆民族地区而言，教育是提升少数民族人民群众文化素质的根本保障。指导少数民族学习并掌握中华民族的通用语言文字及其所传递的中华民族文化，是少数民族人民群众接受知识教育的基础。只有先推动国家通用语言文字教育，才能更好地实施素质教育，帮助受教育者形成全面的知识结构，促进受教育者在认知、情感、意志等方面全面、和谐、健康地发展，提升国民意志和士气。通过国家通用语言文字教育，能帮助受教育者提升不同文化辨别能力，传承和发扬中华优秀传统文化，抵御外来文化入侵，培养和提高受教育者对中华文化的认同感。

普及国家通用语言文字教育最重要的价值之一就在于培育少数民族人民群众的文化能力。少数民族通过国家通用语言文字教育熟悉并掌握国家通用语言文字。一方面，有利于促进少数民族群体对中华民族文化的理解，增强对中华民族优秀文化认同的自觉，有效地继承并弘扬中华民族优秀传统文化，培养和提升少数民族对中国特色社会主义的文化自信。另一方面，少数民族人民群众通过掌握国家通用语言文字可以更好地认识、理解和借鉴我国

不同时期、不同地区、不同民族的丰富多彩的优秀传统文化，拓宽文化视野，科学保护和开发少数民族自己的语言文字资源，从而保护中华文化的多样性。

二、促进各民族文化教育事业繁荣发展

语言文字具有文化资源的属性，其不仅能记录和传承文化信息，而且能将其他非物质文化的形态以语言文字的形式呈现出来。普及国家通用语言文字对各民族文化教育事业的发展而言，契合我国在文化事业战略中先进生产力的发展要求、先进文化的前进方向和最广大人民群众的根本利益。因为国家通用语言文字能够传承和记录人民群众社会生活的各项信息，还能促进各少数民族语言文字和文化事业繁荣发展。

新疆各族人民群众在长期的历史进程中形成了各自的语言和文化，少数民族以这些语言和文化为基础，形成了各族群文化圈。在这些语言文化圈之间，多民族社会中的语言差异和文化差距，既是人类社会语言文化多样性的表现，也反映出各民族文化发展的不均衡性。各民族之间文化习俗不同、信仰不一，尤其是语言不通，导致民族之间缺乏充分的语言沟通和心理沟通，彼此间就容易产生心理上的隔膜，很难实现文化协同。自先秦时期开始，中亚地区就曾与以汉族为主要民族的中原地区开展经济贸易往来，汉语通行于西域各地。到了汉代，陆上丝绸之路已经形成围绕天山南北、连接亚欧大陆的格局，至此，汉语言文字成为整个西域官府文书与交流中的官方通用语言文字之一，汉语言文字的传播带动了中原农业先进生产技术、中原王朝礼仪制度与音乐舞蹈等在西域民族中的广泛传播。当前，要想在各文化圈之间实现语言文化协同发展，必须在不同文化圈之间形成广泛的跨民族交流和充分的跨民族交际，克服语言障碍，通过普及国家通用语言文字架起心灵桥梁，实现无障碍交流和交际，加强沟通与联系，消除各族群成员之间的心理隔阂，增进各族群文化的相互理解，加强各族群成员之间的感情。在相互学习中博采众长，在相互影响中共同发展、共同完善，不断传承发展各民族文化，有益于丰富中华文化多元一体的深刻内涵。

（一）保护传承本民族文化

文化既不是孤立的存在，也不是不发展的存在，它需要在交往交流交融

中融入社会经济、政治等领域并与其共进退、共发展。从古至今中华民族多元一体格局的形成与演变，根本原因在于各民族借助统一的语言文字进行不断深化的交往交流交融。因此，推广普及国家通用语言文字与保护少数民族语言文字、促进少数民族文化事业发展并行不悖、相得益彰。推广普及国家通用语言文字并不会导致少数民族文字、艺术、习俗等文化现象的流失，相反，借助语言的连接与“翻译”功能，更有利于传承、保护、发展少数民族的优秀传统文化。新疆大部分少数民族都保留有独属于自己本民族特色的音乐、文学、舞蹈等民族文化。所以，保护、传播和发扬新疆少数民族文化是一项繁杂而浩大的工程，在整理、鉴定等方面需要通过国家通用语言文字翻译和改进，取其精华、去其糟粕，使民族文化以先进的形式传播和发扬。因此，全面普及国家通用语言文字教育，通过学校教育提升全民文化素养和知识能力，能为民族文化的保护与传播提供坚实的基础。

推广普及国家通用语言文字对少数民族文化事业的保护和传承带来强有力的帮助，不仅有助于少数民族对本民族语言文字的使用和文化产业的发展，还有助于少数民族文学艺术作品创作创新、文化遗产传承与保护等。具体表现在以下几个方面：①以统一的语言文字环境帮助少数民族人民群众充分、及时地享受到社会主义国家的文化发展和各民族文化成果，还能帮助少数民族人民群众积极参与文化活动、创新文化发展。许多少数民族优秀文学艺术作品都是借助国家通用语言文字这一通用媒介向全国各族人民群众展示少数民族文化的独特魅力和民族精神，在全国范围内进行文化传承与弘扬。②对少数民族作家、艺术家来说，熟练掌握国家通用语言文字，在结合本民族文化传统和文化精神的基础上，汲取中华文化的精华即丰富的知识与理论资源，利用中华文化的先进成果，对本民族文化在原有基础上进行创造性发展，在创作中繁荣民族文化，为民族文化添砖加瓦，实现民族文化艺术发展、展示民族文艺新时代形象，在扩大民族文化影响力的同时为中华文化的当代发展奉献力量、做出贡献。因此，普及国家通用语言文字教育将有力地促进民族地区的文化事业建设，给少数民族享有广度和深度的文化权利提供前所未有的保障，也有利于更好地理解、发扬和传承中华优秀传统文化和精神财富。

（二）传承中华优秀传统文化，增强民族文化自信

作为各民族共创共享的中华文化符号和中华民族形象的国家通用语言文字，体现了中华各民族文化集成的魅力，是中华文化在历史的长河中绵延发展的重要载体形式，表现了中华民族文化的重要特征，也将民族文化的内涵包含在其中。

国家通用语言文字寓于国家的文化软实力之中，掌握并熟悉国家通用语言文字是人民坚定文化自信的根本途径。语言文字作为文化的载体和桥梁，不仅是文化发展的基本工具，更是衡量文化影响力的一个重要指标。在文化融合和竞争加剧的全球化时代，语言文字国际推广和传播已经成为公共外交和文化交流的重要途径。世界主要国家纷纷制定语言文字国际传播战略，传承发扬本民族优秀文化，以树立良好的国际文化形象，进而维护国家文化利益。以汉语言为载体所呈现的现代化手段和“互联网＋”技术，有利于促使各民族文化的发展更为系统化、网络化、智能化和数字化，便于更多民汉兼通的双语教育人才和少数民族优秀的文化工作者参与到民族文化的保护传承和创新发扬中来，还能在立足于传统的基础上联结现代化手段和技术，为民族文化筑起一道文化安全的保护“长城”。新疆的边境线漫长，且新疆与多个国家接壤，喀什经济贸易区的设立、“一带一路”核心区的建设，无不彰显新疆与各国之间的交流日益密切。新疆少数民族的民族语言与中亚国家的语言相通，再讲好我国通用语言，学习了解中华优秀传统文化，既能让他国认识和了解我国的悠久历史和中华文化，又能挖掘中华优秀传统文化的精华内容进行创新传承，以抵制和消除舶来文化中不利于我国精神文明建设和安全稳定的文化内容和形式。最终实现的目的是，中华民族的各族人民群众创建共同的历史文化记忆以强化各族人民群众对中华优秀传统文化的认同，并在不同文化的沟通交流与碰撞中实现中华优秀传统文化的创新发展、自立自强。这才是推广普及国家通用语言文字在文化效益上的进一步延伸。

三、推进新时代民族地区意识形态建设

（一）培育社会主义核心价值观

从历史经验和语言文字研究的角度看，一个国家倡导推行统一的官方用语是整个国民群体产生共同价值观念的前提条件，因此，我国普及国家通用

语言文字有利于各民族人民群众形成社会主义核心价值观。党的十八大以来，党中央高度重视培育和践行社会主义核心价值观。要让数量庞大、分布极广的少数民族人民群众形成对社会主义核心价值观的认同并在生产生活中践行，推广普及国家通用语言文字，使各民族之间的沟通交流更加便利是不能忽视的重要环节。可见，国家建设除了需要注重政权建设、制度建设的刚性一面，还需要在各民族中培育社会主义核心价值观，塑造和强化成员认同的柔性一面。例如，法国大革命后，由于当时法国多民族多语言的社会环境，革命的思想和原则是难以在民众中广泛推广的，所以法语被赋予了传播民主思想的任务，推广法语也就是推广法国大革命的思想和理念。中国作为走社会主义道路的多民族国家，社会主义核心价值观有能力为不同社会群体的多层价值观找到认同性，从而实现多重价值观的相互补充与相互融合。从这一角度出发，普及国家通用语言文字教育有利于为新疆多民族、多宗教的社会提供统一意识形态的精神纽带，这一纽带可以超越不同宗教信仰、不同民族心理、不同思想观念的界限，从而建立起更加和谐、更加稳定的社会关系。

（二）树立“五个认同”意识

语言文字是思维的载体，具有建构认同的功能。一方面，各民族人民群众不断通过对国家通用语言文字的深入学习和运用，掌握蕴含在语言背后的文化意蕴，从而形成共同的文化价值认同和意识。另一方面，各民族人民群众可以运用语言这一文化载体来传播中华民族文化、领悟中华民族精神，从而加强对中华民族的文化认同感。各民族统一的通用语言文字作为各民族成员对中华民族、中华文化认同的关键因素，是中华民族源远流长的文化积累得以世代传递更新的重要形式和基本途径。其原因在于，在各民族人民群众对国家通用语言文字的习得和实践中，相伴而生的中华优秀传统文化自然而然地成为各民族人民群众拥有民族共同感的关键标志，并成为维系和支持民族统一的认同感的根本所在。在我国民族集中居住的地区，如新疆历来是多语言交流、多元文化荟萃、多种宗教并存的地区，历史上也存在着不同程度的主导文化与民族文化、宗教文化之间的不平衡矛盾。有研究发现，在国家通用语言文字普及率比较低的社会中，大都存在对其主导文化的认同度较低的情况。

国家通用语言文字作为国家主导文化的载体，是各族人民群众学习了解、创新发展主导文化的重要工具。新疆特殊的地理位置和多民族聚居现实状况，使得其民族文化丰富多彩，每一个民族都有着自己独具特色的民族文化。面对民族文化的多样性与差异性，统一的语言文字环境有利于少数民族人民群众接受主导文化的教育，并积极转化为个体的核心价值观念与实践行为的指导模式，从而使主导文化在其心理和精神上变成属于国家公民的另一个“自我”，成为个体存在于社会中有国界身份的一部分。换句话说，让少数民族通过国家通用语言文字在“意识心态”层面建构起自己作为中国公民的文化身份，帮助各民族建立起最根本、最深层次的对中华优秀传统文化的认同和对自我身份的认同，同时求同存异，创造各民族文化有效快捷沟通交流的条件。中华文化是以汉文化为基础的各民族文化的融合体，以中华文化符号及语言文字为载体。因此，普及国家通用语言文字教育有利于增强各民族文化的交流，并通过不同民族文化之间的交流，博采众长，增强中华民族的文化实力。对于一个多民族的国家来说，使用统一的语言文字交流来联络民族情感、增强民族凝聚力，既符合我国的民族政策，也是新疆民族地区发展的客观要求。

现阶段，我国各族人民之间的交往交流交融程度呈现出日益扩大和不断深入的发展形势，自塞北向江南，从西部到沿海，汉族和各少数民族人民群众在全国范围广泛流动、交互往来，通用的语言文字迫切成为各族人民群众交往交流交融的共同需要。所以，大力推广普及国家通用语言文字，让各族人民群众掌握并熟悉国家通用语言文字存在着学理、道理、情理上的逻辑统一。

（三）铸牢中华民族共同体意识

100余年前中华民族危机空前严重，民族文化遭受前所未有的打击，在救亡图存、振兴中华的历史背景下，各界精英立足于语言民族主义的理论思想，希冀通过将语言统一并以国家政策推行普及来教化和团结国民同胞，以铸牢中华民族共同体意识，增强中华各族儿女的凝聚力和向心力，维护并延续中华民族文化。从历史上国家发展的视角来看，主权国家确立统一官方语言文字的一个主要意图就在于，借助一个共同的独属于这个国家的语言文字以唤醒所有国民的国家身份意识和国家边界感，强化国家认同，凝聚国家的内部向心力。苏联解体在语言政策上的失误警醒我们：语言的统一或分离与国家的统一或分离之间存在着密切而复杂的联系，确立国家通用语言文字是维护国家独立、主权的一个根本保障。2000 年，台湾民进党执政时取缔“汉语言”共同语的地位，削弱青少年“汉语言”能力，修改教科书用词，全面“去中国化”的语言教育政策也导致了“去历史化”行为的产生。此项政策不仅削弱了中华文化的辐射力和影响力，可能使台湾同胞缺失祖国认同感、削弱对中华民族的意识，还可能切断部分台湾民众与祖国在三千年的历史文化中的血脉联系，干扰和破坏两岸关系，严重危害祖国统一大业。

在新时代，中华民族共同体作为国际社会中体现中华民族国家层面的民族实体，不论在外界的认识中还是在内部的认知下，其完整的意义均包括国家通用语言的统一，因为普及国家通用语言是铸牢中华民族共同体意识的应有之义，铸牢中华民族共同体意识是民族实体建构在思想层面的进一步拓展。同时，我们还应深刻认识到，中华民族是一个精神文化共同体，铸牢中华民族精神文化共同体是各族人民群众凝聚精神内核、统一价值共识、坚定文化自信的内在要求。因而，国家通用语言作为中华民族共同体的“母语”，是中华民族多元一体格局这个大家庭中每个成员之间沟通对话、相互往来所必需的语言工具。只有各民族都学习并掌握国家通用语言，才能以国家通用语言为载体共同打造各民族共享的精神家园，增进各民族同胞对中华民族精神文化共同体的核心认同感，铸牢中华民族精神文化共同体意识的思想根基。因此，推广普及国家通用语言文字教育可谓是新时代民族工作的主旋律和总基调，更是实现中华民族伟大复兴中国梦的内在要求。

第二节　社会角度

历史上，我国民族地区呈现出“大杂居、小聚居”的分布格局，且受自然和人文等多重因素影响，使得部分少数民族人民群众之间存在疏离，减轻了他们作为一体的中华民族大家庭成员的归属感。统一的国家通用语言文字的长期缺失无疑也在一定程度上强化了地方意识，削弱了民族情感和凝聚力。普及国家通用语言文字教育可促进各民族的交往融合，为民族交流融合架起一座沟通的桥梁。一方面有利于帮助少数民族人民群众建立初级的文化共感性人格特质，理解认识到不同民族个人的思想、情感与行为活动的产生，让各民族更加和睦，让社会更加和谐。另一方面，国家通用语言文字的习得与掌握能帮助各民族人民群众获得极大的安全感与幸福感，有利于为民族地区实现经济可持续发展、增收致富和社会长治久安、和谐稳定奠定良好的社会基础和营造良好的人文环境。由此可见，政府对少数民族施行语言文字政策就必须以在各民族交往交流交融的过程中建设国家通用语言文字的沟通桥梁为基本准绳，促进各民族人民群众在交往交流交融中构建相互嵌入、相互包含的社会结构和社区环境的经济社会基础，并以此多角度发力，提供良好的社会基础与人文环境氛围，保证各民族人民群众的相互往来顺利进行，维护社会稳定和长治久安。

一、培养与社会和谐相处个体多元人格

在民族地区推广普及国家通用语言文字，并不代表会妨碍少数民族人民群众在日常生活工作中使用自己本民族的语言文字，更不是说国家要用普通话来取代少数民族语言。从积极意义上来说，是要通过国家通用语言文字教育使广大的少数民族人民群众在熟练习得并掌握本民族语言文字的同时，还能掌握一种全国通用的中华民族共同体交流语言文字来积累语言文字能力，以获得更顺畅的对外迁移交往与更宽阔的发展空间。

习得并掌握国家通用语言文字帮助各民族人民群众进行更为广泛、更为深层的交往交流交融，培育他们文化共性的人格特征，让他们在面对不同民族文化和不同民族个体时，仍然保持情绪稳定和情感共鸣，避免存在心理矛盾和心理压力，让他们在与其他民族个体交往对话时拥有更大的主动性与更强的包容心。这就是所指的以国家通用语言文字培育健全的多元文化人格。熟练掌握国家通用语言文字，进行无障碍无差别的沟通交流，能够让少数民族个体具备多元文化人格特质，使各民族人民群众真正地从心理上彼此相互接受、相互包容、相互学习，不断增进相互间的生活融合、经济交往与文化交流，为民族团结进步和社会和谐稳定奠定坚实的心理基础。

二、构筑各民族共有精神家园

传承发展并充分利用国家通用语言文字的价值对加强民族团结，构筑各

民族共有精神家园的重要性不言而喻。语言的产生来源于人们交流往来的需要，语言最基础的功能和价值就在于它是人们在交互往来中沟通交流的工具，如果脱离这项基础的功能和价值，从根本上来说，语言所带来的其他效益就完全无法展现。作为我国通用语言文字的普通话和规范汉字，本身就是各民族共同创造发展的产物，是几千年来各民族共有的精神家园。从这个角度出发，推广普及普通话与规范汉字有助于为各民族人民群众交往交流交融建立统一的沟通媒介，构建良好的语言环境氛围，帮助破解各民族人民群众在沟通交流中语言不通的问题。促进各民族人民群众交往交流与融合交心，有助于建设平等、团结、互助、和谐的新型民族关系，有利于各民族人民群众共创共享和谐和睦的社会环境，构筑共有精神家园。

随着改革开放的进一步深化，随着西部大开发战略和东、中、东北地区老工业基地的区域经济社会发展，特别是城镇化的进程加快，中华大地上各民族人民群众之间交往交流交融的程度呈现出逐渐扩大和深入发展的态势，以至于定居乡里、偏安一隅的传统族别人口布局特征快速发生了极其显著的变化。各民族人民群众在社会化的接触、民间性的交流、城镇化的汇聚中不断迁移和扩张，随之而来的是共同语言文字变成了各民族人民群众迫切的共同需求。可以说，普通话和规范汉字在全国通行，不仅成为人们交流往来的公共工具，更是增强人们的中华民族共同体意识，促进团结稳定、维系国家统一的关键链条。从古至今，没有任何一个国家的少数民族对学习掌握国家通用语言文字心存抵触。国家通用语言文字是增进民族团结、构筑各民族共有精神家园的基础，在我国民族地区加大国家通用语言文字推广普及力度，使其更加有利于各民族人民群众加强沟通交流，促进个人成长和少数民族群体的团结进步。

第三节　政治角度

一、保障少数民族参与政治权利

《中华人民共和国国家通用语言文字法》（以下简称《国家通用语言文字法》）中明确规定，公民有学习和使用国家通用语言文字的权利。从少数民族权利保障的角度来看，在民族地区普及国家通用语言文字教育是真正保障区域内少数民族公民受教育权和政治、文化、经济、社会等方面享有的基本权利的有效途径。一方面，少数民族公民只有学好国家通用语言文字才能更好地了解国家的大政方针、更好地表达自己的意见和建议，从而更好、更有效地参与从地方到全国范围的社会管理、民主监督、经济活动、法治建设等公民行为活动。不懂国家通用语言文字的少数民族公民无法直接了解政府政令而只能求助于他人翻译，可能影响其获取信息能力进而影响其行使政治权利。另一方面，在民族地区普及国家通用语言文字，目的是让少数民族公民掌握国家通用语言文字以提高其科学文化素养、增强其创造更大就业空间的教育能力、为其文学艺术发展与本民族文化传播提供广阔平台。显然，这体现了中国特色社会主义制度下以发展促人权，主动、全面保障少数民族权利实效的人权保障理念和制度优势。此外，推广普及国家通用语言文字，特别是强调对书面语的熟练掌握，有利于少数民族公民阅读并深刻认识国家每年出台的各项政策方针和便民措施，更有利于他们找到平台和方法，运用国家通用语言文字直接阐述自己的意见和建议。也就是说，通过语言的统一可以直接疏通上传下达渠道，帮助少数民族公民行使其公民权利，促使其有实效地参与地方政府在公共事业中的管理，确保民主制度在民族地区有效落实，使少数民族公民更直观、更确切地享受到中国特色社会主义制度下的民主福利，从而提升其对中国共产党和中国特色社会主义制度的认同感。因此，从少数民族权利保障的意义上讲，普及国家通用语言文字教育为少数民族公民通过教育实现并保障公民基本民主权利起到至关重要的作用，也是巩固少数民族认同中国共产党、认同中国特色社会主义制度的必然途径和内在要求。

从少数民族履行义务的角度来看，国家通用语言文字作为一个主权国家的象征，全国公民都掌握统一的国家通用语言文字是公民自身的必需素养，也是统一的中华民族屹立于世界之林、彰显国家特征的重要表现。掌握国家通用语言文字作为各民族公民的义务主要有 3 点原因：①国家通用语言尤其是通用的书面语，是保障主权国家处理政治经济事务的交际媒介，是实现民情上传下达和民主决议、确保民主制度有效实施的重要载体；②掌握国家通用语言文字旨在让少数民族公民明确认识到自己是中华人民共和国公民，民族是少数民族身份，从而把国家利益置于本民族利益之上；③掌握国家通用语言文字有利于各民族成员的系统教育与文化融合，就民族区域自治过程中的政治参与来看，少数民族公民掌握统一的通用语言文字有助于提升其政治参与的素质和能力，有利于确保我国社会主义民主制度的有效落实，更好地体现我国社会主义制度的优越性。

二、落实全面依法治国战略举措

普及国家通用语言文字教育，有利于落实全面依法治国战略举措，推进国家治理体系和治理能力现代化。官方语言通过宪法确定是世界上大多数国家的通行做法，主要原因在于统一的通用语言是一个多民族国家建设和治理的重要工具。由此，我国《宪法》第十九条规定的“国家推广全国通用的普通话”为在国家范围内开展普及国家通用语言文字工作提供了依据。《国家通用语言文字法》作为我国关于语言文字的第一部专门性法律，为落实统一语言文字和《宪法》中关于普及普通话的规定作出了具体的法律规定。随后各省（自治区、直辖市）先后制定地方性法规或地方政府规章，从地方层面推动《国家通用语言文字法》的贯彻实施。目前，我国的国家通用语言文字法律体系呈现出以《宪法》规定为统领，地方性法规、规章等不同层级法律规范为一体的体系，有利于为从国家到地方自上而下地推进国家通用语言文字事业发展提供坚实的法治保障。《国家语言文字事业“十三五”发展规划》明确指出，大力提升农村地区普通话水平，加快民族地区国家通用语言文字普及，到 2020 年在全国范围内基本普及国家通用语言文字。由此可见，全国范围内推广普及国家通用语言文字教育，是落实《宪法》关于普及普通话的法律规定，深化依法治国，实现国家治理体系和治理能力现代化，建设社会主义法治国家的重大举措。

民族地区的现代化建设进程事关整个中华民族的社会主义现代化国家建设。因而，新疆民族地区落实《宪法》规定，全面推广普及国家通用语言文字，有利于提升少数民族人民群众的国家通用语言文字能力，更有利于新疆地区的法治建设更好地适应国家发展战略要求，还能进一步深化依法治国在民族地区的实践，促进在全国范围内实现国家治理体系和治理能力现代化，加快社会主义法治国家建设，推进中国式现代化进程。新中国成立 70 余年来，新疆民族地区建立健全从学前到中小学再到高中及大学各阶段一贯制有效衔接的国家通用语言文字教育教学体系，是新疆民族地区教育系统关于治理体系与治理能力现代化的重要成就，它为实现新疆教育现代化、社会主义现代化奠定了重要基础。

第四节 国家安全角度

国家强大、领土完整、国界安全、边疆稳定和主权不容侵犯均是现代独立国家无可争议的对国家安全的追求。与此相关，语言安全与国家安全的关系也非常密切，值得关注与重视。“同语同国”“同文同国”不仅是现代市场经济的要求，还是人与人、群与群高效率交流的要求，更是现代国家追求安全的要求。语言学家库珀（Cooper）曾在1989年分析语言和政治的密切联系时明确指出：人类运用语言的首要目的就是实现其非语言目的，换句话说，使用语言在于以更快捷有效的途径将政治、经济和军事权力渗透到国家安全、社会稳定的方方面面中。由此可见，语言文字与国家安全的相关性在很早之前就已经是一种客观存在的事实，而不是主体以主观的角度将其“关联化”的结果。因此，语言文字这一文化工具究竟是维护国家安全还是威胁国家安全，是政府工作者在处理国家安全事务中不能小觑、必须考量的重要因素。借鉴古代以来世界上实现统一的多民族国家在国家建构中所采取的语言文字政策，发现正确有效的国家通用语言文字政策是维护国家统一和安全、保障主权完整的必要手段。

一个多民族的国家，如果不能有效解决各种语言冲突和矛盾、语言地位定义不准确、推行的语言文字政策缺乏语言安全意识和政治敏锐性等问题，就极有可能对语言安全造成一定程度的破坏从而威胁国家安全。历史上，新疆境内外民族分裂势力曾经常利用民族语言文字问题进行民族分裂活动，挑起极端冲突，对国家安全、社会稳定以及经济发展均造成了极为不利的影响。随着中华民族伟大复兴事业蒸蒸日上，我国对国家安全和主权的重视程度只增不减，从国家主权和安全视角出发审视推广普及国家通用语言文字在中华民族伟大复兴中的作用，具有重要的现实意义和战略价值。近年来，国际形势日趋复杂，随着部分西方发达国家干预我国安全问题等非传统安全问题日趋增多，语言安全问题正式进入我国维护国际间各种关系和我国国际安全的谈判、议事等事务中，以“台独”“港独”“疆独”“藏独”为代表，分裂国家的势力分子通常都是从不认同国家通用语言文字和国家大一统文化开始。因而，语言的安全价值日渐重要，语言问题被逐步“安全化”。此前，新疆境外反华势力与境内民族分裂势力相互勾结、串通一气，以指责我国国家通用语言文字政策为借口，利用民族语言保护、意识、文化、认同等问题挑拨民族情绪，激发民族矛盾，进行破坏祖国安全统一的行为，直接威胁我国的民族团结和主权完整。由此可见，统一的国家通用语言文字，是民族国家形成大一统的基本保障，也是维护国家领土、主权统一和安全的必然要素。大力推广普及国家通用语言文字对于当前我国的安全形势而言非常重要。新时代我国民族地区必须要有时代紧迫感和责任感，普及普通话和规范汉字，加强国家通用语言文字教育，有利于提升少数民族人民群众与国家发展战略相适应的国家通用语言文字能力，健全国家以人文价值为着力点的安全体系，加强国家安全法治保障，提高防范和抵御安全风险能力，从而维护中华民族的文化安全和国家安全。

一、提升文化软实力和维护中华文化安全

文化安全包括很多方面的安全，如价值观念、意识形态、风俗习惯、生活方式，但是可以非常肯定地说，语言文字对国家文化的稳定作用是最显著而强大的。不同文化之间不可避免地会在交流和碰撞中发生一些文化矛盾或产生冲突，甚至还会出现一些强势的主导文化利用自身价值和优势来贬损、攻击、入侵其他弱势或边缘文化的情况，这会对弱势或边缘文化产生很大的冲击力，对正常的文化发展也会产生不好的影响。在新时代的文化建设中，要推进以提高全民文化自信、维护国家安全为目的的文化自信建设，必须打造强大的国家文化软实力，但不能忽视更不能小觑作为国家文化软实力和国家文化自信重要组成部分的国民语言能力。因此，全面提升国民语言能力，推广普及国家通用语言文字是完善国家文化软实力和文化自信建设的必然要求，更是维护国家文化安全的必要工具。首先，要通过充分利用国家通用语言文字的文化魅力、经济价值来发展具有民族性、先进性和世界性的文化，从意识形态、风俗习惯等方方面面提升本国文化软实力，从而有效避免国际化浪潮冲垮我国文化堡垒，还能防止“民族化锁国”的误导。其次，为维护

本国文化利益，塑造国家形象，要开展以促进语言文化交流与合作为目标的语言国际推广，也就是在语言规划领域开展语言声誉规划活动或语言形象规划活动。推广普及国家通用语言文字的首要目的就是保持语言文字的纯洁性和规范性，维持先进的中华文化的生命力，维护国家文化安全和意识形态独立。最后，文化软实力不仅体现在向内的凝聚力上，还体现在向外的影响力和传播力上。以国家通用语言文字教育来看文化软实力，它对内能够加强各民族之间的交往交流交融，凝聚各民族人民群众的向心力和价值认同，促进民族团结，对外能够以一体的形式彰显中华民族精神、传播中华文明和中华优秀传统文化。

总的来说，作为中国人，讲国家通用语言既是权利也是义务。在全球化进程中，国家通用语言文字教育中渗透着文化安全意识。若个体接受过文化安全教育，并且具备较强文化安全意识，在行为生活等方面就会以中国文化安全利益为前提，恰当地运用所习得的语言工具，利用合适的方式方法，维护中国文化安全；但若个体没有接受过文化安全教育，文化安全意识就会比较弱，有可能会盲从西方学术界和媒体的错误偏见和捏造的“事实”，甚至对中国文化安全和国家安全带来威胁。因此，应保持客观、理性的态度，既不要盲从国外文化标准，也要对国内文化的优秀之处和不足之处有清醒的认知。中国公民讲好国家通用语言，接受文化安全教育，是站在中国文化安全利益角度，维护和保障国家文化安全战略实施，防御西方文化渗透对我国文化安全造成威胁的义务；是将中华优秀传统文化、中国精神传扬到世界各地，为世界大家庭中的不同成员在文化的交流与发展方面增添活力，为人类社会进步贡献中国智慧的中国担当。这样有助于世界其他国家真正了解和认识中国，认可中国文化并接纳中国的发展理念。因此，以国家通用语言文字教育提升我国国民国家通用语言文字能力是传扬和发挥中华优秀传统文化的价值，激发外国人学习掌握普通话的兴趣，增进海内外国家对中华文化和中国理念的认知，提高我国国家通用语言文字的国际影响力，落实国家语言战略的重中之重。

二、维护信息安全与网络文明

信息安全也是国家安全的一个重要领域。当今世界，信息技术发展日新月异，呈现出数字化、人性化、多媒体化、智能化的多样发展形势，并且在推动经济社会进步、促进国家治理体系和治理能力现代化、满足人民日益增长的美好生活需要等方面发挥着重要的作用。由此可见，数字化、人性化、多媒体化、智能化的现代化信息技术与应用已经把语言维护国家信息安全的功能推到了风口浪尖。具体表现在：越来越便捷高效的语言文字处理和翻译软件，以及在互联网中以民族语言进行发布、搜索、过滤的高科技工具运用，让少数民族群体以民族语言获取各种各样信息的渠道越来越宽泛，但不可避免的是，在这些软件或工具上会存在大量良莠不齐的信息，而国家信息管控方面还没有对民族语言进行强加干预，以至于少数民族人民群众很难对这些信息进行正确的甄别和筛选，有可能危及我国民族团结。我们应该认识到，信息技术的发展是以国家通用语言文字规范化、标准化为技术基础的，普及国家通用语言文字教育有利于让少数民族人民群众直接进入国家营造的安全信息网域中，在安全的互联网环境下获取国家政策和主流舆论信息，防范和抵御信息安全风险，避免被非法或敌对势力利用民族语言进行传播的非法信息所误导。因此，推广普及国家通用语言文字，让少数民族人民群众进入普通话的安全网域，能够在根本上抵御国外非法势力和敌对势力利用民族语言对我国民族地区进行意识形态渗透的非法行为，阻止敌对势力利用民族语言文字传播不良信息对国家安全的渗透与分裂，保障我国互联网信息安全。

三、保障边疆稳定与国土安全

拥有属于本国联结国内各民族的官方统一语言文字有助于界定一个国家，并建构独立的主权，因此，实现国家独立、维护国家主权的根本保障就在于确定统一的官方语言文字。前者与后者虽然不能说是因果关系，但至少可以认为是手段和目的关系，特别是当一个国家出现统一或分裂的局面时，推行通用语言文字的政策尤为关键。在我国绵延 2.2 万多千米的陆地边境线中，有 1.9 万多千米分布在民族地区，在此区域内涵盖了包括蒙古族、朝鲜族、哈萨克族、维吾尔族在内的大约 33 个民族，使用很多种民族语言，其中有多种跨境语言。边境民族若分别分布在两个或两个以上的国家之中，将会在主流国家的社会环境中被互动所产生的语言关系所制约，且边境民族与国境线紧密相连，而国境线又与国防建设、国家安全息息相关，由此边境民族问题往往与地区安全相关。在当代国际政治中，考虑到国家安全会把边境民族及相关问题置于重要考虑因素，推广普及国家通用语言文字对于维护边境和睦、边疆稳定、国土安全就显得尤为重要。

大凡盛世，语言文字的统一与普及都为国家统一与安全稳定做出了重要贡献。在对苏联解体的研究中，有学者认为其没有构建以俄语为国家通用语的法律政策和框架并进行推广普及是其解体的一个重要原因。当前国际形势尤为严峻，我国国家安全和主权经常受到来自西方单边主义和孤立主义的挑战和破坏。从维护国家主权和安全视角审视推广普及国家通用语言文字在现代化国家建设中的作用来看，其在反恐工作、民族团结教育、边疆区域稳定、经济发展和国家长治久安中发挥着重要作用。

第五节　经济角度

从人力资本的视角出发，语言人力资本可界定为“劳动者通过在教育、培训、‘用中学’等方面投资而获得的语言知识、能力和技能的积累，这些语言知识、能力和技能通过交际、信息和知识传递而给个体和社会带来收益，创造社会福祉”，也可以称为语言技能资本。与民族语言相比，国家通用语言是一种更具价值的人力资本形式。国家通用语言的使用不仅降低了个体间的交易成本，而且拓展了使用者的生产生活空间，开阔了使用者的视野，增长了使用者的见识，与其他人力资本相互促进，进而增加了劳动者就业机会，促进了劳动力跨产业、跨地区、跨国转移。但是在一些民族人口聚居程度高的地区，生活在这些地区的少数民族人民群众普遍使用民族语言来进行生活生产上的交流和经济往来，而且由于地方经济社会发展相对滞后，普通话普及的条件不足。所以，为其提供国家通用语言文字教育，有利于他们习得劳动知识、经验及技能，提高语言技能资本，有利于积累健康资本，有利于扩大少数民族劳动力就业信息渠道、增加就业机会，有利于少数民族劳动力融入社会、降低交流障碍、节约交易成本、提高收入水平。同时，全面推广普及国家通用语言文字教育，对民族地区巩固拓展脱贫攻坚成果、接续乡村振兴、实现共同富裕具有重要意义。

一、提升少数民族劳动力就业技能和能力

国家通用语言文字教育有利于少数民族劳动力习得劳动知识、经验及技能，提高就业能力。语言人力资本既是一种投资品，也是一种消费品。语言是人类沟通和交流的重要工具，贯穿于人类经济活动的生产、分配、交换、消费、流通等各个环节。在全球化和信息化的今天，沟通交流能力已经演变成经济发展动力的关键要素，国民语言文字能力也因此成为促进经济和社会发展的重要因素。以人力资源管理为例，语言能力及以语言能力为基础的沟通能力是企业招聘、测试、培养、考核等全过程中对员工考察评估的重要核心指标，是高绩效人力资源管理系统的基础，对员工产出与收益产生直接影响。而且语言人力资本既可以参与到经济生产活动中来增加个体就业机会和薪资报酬，也可以联结个体的日常消费活动，扩大个体的消费选择集合，提高消费者效用。

少数民族通过掌握普通话能获得更大的发展空间。语言的个人价值体现在语言作为一种技能，在个人语言能力培养过程中创造出的经济价值。在知识经济条件下，人力资本的收益远大于物力资本的收益。民族地区通过高质量的国家通用语言文字教育，进行语言人力资本投资，获得“语言红利”，为经济发展提供有利的语言人才和语言服务支撑。个体所拥有的语言人力资本，是一把易于在多种岗位就业工作、易于接受现代科学文化知识、更好融入现代社会的“全能钥匙”，不仅能给个体带来经济收益和生活便利，还对社会发展产生积极影响，表现在以个体的语言人力资本拉高社会人均语言人力资本的平均值和全要素生产率，促进社会经济持续良好发展。另外，少数民族学生和劳动力较好地掌握国家通用语言文字，还有机会接受更高水平的教育，如接受高等教育。对于这一类群体来说，一方面，他们能够获取更高的学历和社会地位；另一方面，有利于劳动者在岗位中快速提升自身职业技能和素养，提升劳动者综合能力，进而促进收入水平的提升。总之，国家通用语言文字的习得与掌握，拓宽了劳动者的知识面和技能面，打开了劳动者的视野，也强化了劳动者想要创新创业、增收致富的技术能力和内生动力。

二、提升少数民族劳动力健康资本

国家通用语言文字教育有利于少数民族劳动力积累健康资本，提高工作能力。语言人力资本是人们获得迁移资本的重要工具，对健康资本的维持和积累亦有正向影响。在新疆一些较为偏远、落后、贫困的民族聚居度高的地区，还没有全面普及国家通用语言文字，但是关于现代的健康医疗、便利生活等科普知识，社会上大多是用普通话和汉字进行宣传和教育的，可能生活在这些地区的少数民族人民群众出行、问诊、用药都需要用到普通话，甚至还需要看懂汉字。由于许多年龄大的群众没有接受国家通用语言文字教育，导致说不了、听不懂普通话，看不懂有关宣传单、药单上的汉字，造成信息接收出现真空状态，以至于部分少数民族人民群众很难及时有效地获取政府在医疗保障、社会救助等方面的重大惠民政策。因此，推广普及国家通用语言文字教育，对落后偏远地区的少数民族人民群众认识和享受国家的优惠政策，提高健康卫生知识和意识有很大的利好作用，同时可以使其在生病时及时获得用药与救助，累积个人的健康资本，从而更利于开展农耕和养牧作业，提高工作能力和效率。

三、扩大少数民族劳动力就业信息和渠道

国家通用语言文字教育有助于扩大少数民族劳动力就业信息渠道，拓宽就业空间。推广普及国家通用语言文字能够帮助少数民族拓宽就业空间、提升就业能力是许多学者已经验证过的事实。随着我国经济发展和现代化建设不断深入，城市中少数民族流动人口的数量在日益增多，并且在东部地区和中部地区汇聚了大量的少数民族流动人口，这需要加强这些地区公安、市场监管、医疗、教育等各部门的协作和管理，为这些流动人口提供必要的服务。但如果少数民族流动人口不能掌握迁移城市所用的主流语言即普通话，他们就难以融入发达城市的人才市场，也可能会导致他们从边疆地区、落后的农牧区来到东部发达城市找到工作、实现就业的想法破灭。学习国家通用语言文字，有利于他们减少语言沟通障碍，积累劳动知识、获取经验及提高专业技能，从而提升其就业能力；还有利于他们获得与社会主流文化接触的机会，行使自己的公民权利，平等充分地参与国家生活的方

方面面，获得更多的社会资本和机会、了解更多国家发展的信息，以及在中心发达城市更方便地工作和生活，更有效地融入城市。另外，如果少数民族劳动力精通国家通用语言文字，还有机会在政府部门找到工作，服务更多的少数民族同胞。

四、推进少数民族劳动力融入社会促进就业

国家通用语言文字教育有利于少数民族劳动力融入主流社会、降低交流障碍、节约交易成本、提高收入水平。在中国，公务、教育、科研、企业等各行各业、各种形式的工作基本上都要使用国家通用语言文字来进行文字传输和语言表达，语言文字能力不足成为制约少数民族劳动力就业的最大阻碍。中国作为当今世界第二大经济体，人才需求越来越重要，在经济贸易和社会文化交流中，掌握国家通用语言文字更有助于少数民族人民群众在更广阔的范围内流动。因此，少数民族劳动力若是习得并熟练掌握国家通用语言文字，积累语言资本，有利于突破地域带来的出行限制，有勇气有能力走进发展机会更广阔的大城市，从而实现人生价值。

少数民族群体学习国家通用语言文字，更重要的在于可以使其具备融入国内城市社会生活的综合能力。使用国家通用语言文字，在一定程度上能扩大其活动范围与缩小其社交距离，使其更方便地与不同社会群体进行交流与往来，有利于促进个体或群体彼此之间的交流、节约交易成本。例如，对于边疆少数民族农民而言，掌握普通话能够降低交流障碍，有利于推动劳动者农业种植及养殖技能培训，进而提升农业生产效率，提高收入水平。对于外出务工的少数民族劳动者而言，国家通用语言文字的掌握和使用能有效减少劳动者与雇佣者之间的交流成本，劳动者可以更有效、更正确地向雇佣者表述自我的职业诉求，增进两者间的相互了解和认识，让劳动者在获得职业机会的同时通过加强与同事、领导之间的沟通，提升工作绩效，进而获得更高的劳动报酬。

通晓目的国的官方语言通常能成为外来移民进入劳动力市场的“入场券”，劳动力个体只有进入劳动力市场，其积累的知识和技能才能得以充分发挥和运用。普通话推广、人口流动等因素对于促进沟通、消除隔阂、增强信任有明显作用。东部地区城市的发展水平更高，工作机会更多，劳动力需

求量缺口更大，因此，越来越多的少数民族劳动力有去东部城市工作生活的意愿。国家通用语言文字作为在劳务市场中沟通的桥梁，少数民族劳动力语言文字能力越高，他们在经济活动往来中的自信心就越高，经济活动也就越顺畅、越活跃，发展外向型经济的可能性也越大。语言文字水平高或同时拥有多种语言能力的人往往能从中获得实际利益，如高收入、高社会地位、各方面优先考虑权，在劳务市场、个人事业发展和收入增加中处于有利地位。同时一些语言文字功底好的人可以从事文学创作、翻译、口译等工作，获得较高的收入和社会地位。总的来说，国家通用语言文字教育的经济价值主要体现为国家通用语言文字作为一种人力资本，其使用降低了交流障碍、节约了交易成本，有利于形成市场规模效应，从而提高少数民族群体的收入水平。

五、为边疆地区提供人力资源保障

国家通用语言文字教育为边疆地区提供人力资源保障，促进地区经济繁荣。新疆地域辽阔、自然资源丰富，少数民族人口多，劳动力资源丰富，但是由于接受国家通用语言文字教育水平较低，劳动力素质不高，劳动生产效率不高，相对来说劳动力平均收入也不高。相较于国内东部经济发达地区而言，新疆整体经济实力仍然具有很大的发展空间，具体表现为在新疆投入和东部地区同样多的生产要素和基础设施设备，结果可能是不仅新疆地区单个企业的产出与东部地区单个企业的产出差距较大，而且新疆整个地区经济增长亦与东部地区的经济产出差距较大。造成这类问题的主要原因之一就在于西部地区高水平高素质劳动者的缺失，以至于没有足够多的高质量人力资源来有效配置各生产要素。从经济发展的宏观视角来看，对要素进行协调整合后不能实现生产应有的增长率和增长质量，这种现象就是经济学上所谓的全要素生产率低。当然，虽不能说高水平高素质劳动者完全取决于其熟练精湛的语言文字能力，但国家通用语言文字能力的确是实现劳动者各方面素质增长的基础条件。从这个意义上说，增强国家通用语言文字能力以积累人力资本，有利于围绕“实现各民族共同繁荣发展”，提高全要素生产率，着力促进民族地区社会经济高水平发展，逐渐消除我国发展不平衡不充分的地区差距。

各民族共同学习掌握国家通用语言文字，能有效解决因文化差异给交流沟通带来的在信任、传播等方面的阻碍，有利于在统一语言文字环境下将技术扩散，从而促进区域经济的发展。产业经济学理论表明，产业集群内部拥有共同的文化背景，也就是说拥有相同的语言文字环境和相近的空间环境有利于降低沟通交流的成本，有效地传播、扩散企业与行业内部的显性知识和隐性知识，实现知识的“溢出效应”，促进经验交流与技术积累，进而增强企业创新能力与研发能力，推动产业发展方式转变，促进区域内特色产业发展，实现产业体系和产业结构升级转型，最终不仅能拓宽劳动者的增收渠道，还能促进区域经济的发展。

国家通用语言文字在区域内的大范围使用，从微观的积极意义来看，有利于促进劳动力就业转移，实现跨区域、跨行业流动，提升劳动力的就业机会和收入报酬；从宏观的积极意义来看，有利于增强企业创新，促进产业体系和结构的转型升级，促进区域经济的发展。在“互联网+”时代更是如此，民族地区如果能够做到将国家通用语言文字普及到区域内的各个角落，就可以更好地融入新发展格局，坐上新经济发展的时代列车，巧遇丰富的经济市场带来的商机，真正融入社会主义经济现代化的建设。其原因在于：①国家通用语言文字全范围使用有助于有效打破当地居民与外来帮扶企业的沟通阻碍，降低区域之间贸易往来的成本；②各民族人民群众通过掌握国家通用语言文字可以及时学习运用“互联网+”及云平台等电商新模式新技术，并基于西部地区的文化资源和自然资源优势，建设有少数民族特色的主导产业，如旅游业、特色手工业等，推动产业及经济发展，丰富当地劳动者的收入来源，阻断“返贫”现象的发生；③国家通用语言文字的掌握与使用有利于提高工作效率，推动转移就业，实现增收致富。提升技能资本，增加就业机会是增收致富最主要、最直接、最有效的方式，也是消除贫困代际传递的基本途径。民族聚居度高的地区“不会讲普通话就不好找工作”的现象已经成为劳动力不愿外出务工就业的主要制约因素，因而，普及国家通用语言文字教育，有利于让少数民族劳动力更好地习得语言技能，提升劳动力获得就业的机会，减少就业流动带来的摩擦与阻碍，从而加快劳动力的非农转移、区域转移和行业转移，进而实现增收致富，最终达到共同富裕。

汉语言文字作为中华民族的国家通用语言文字，是历史的必然选择，将其加以推广普及，是历代中央政府的一项治国方略。作为语言文字教育推动力的国家通用语言文字教育政策是长远发展中华文化、培养个人素质、提升语言文字能力、维护社会稳定、促进经济政治发展、保障国家安全的有效途径，对发展社会主义事业有十分重要的战略意义。新疆全面推广普及国家通用语言文字教育，有利于传承中华优秀传统文化，让少数民族人民群众时刻牢记国家文化利益意识；有利于培养少数民族对中华民族的认同感和自豪感，增强少数民族的语言权利意识和爱国主义意识；有利于形成社会主义核心价值观，积极维护中国共产党及社会主义事业；有利于少数民族积累人力资本，促进就业，提高收入；有利于民族地区社会和谐、政治清明、经济繁荣、边疆安定。另外，尤其是在与多个国家接壤的边疆地区更能让汉语言文字及中国文化具有强大的影响力和感召力，更能提升中华文化在世界文明的地位，增强中国文化软实力。因此，在新疆民族地区推广普及国家通用语言文字，符合新疆各族人民群众以及全国各族人民群众的根本利益，功在当代，利在千秋。总之，在新时代推广普及国家通用语言文字工作任重而道远，只有扎实推进，方能继往开来，实现中华民族的伟大复兴。

第三章 兵团普及国家通用语言文字教育和少数民族劳动力语言文字能力的现状分析

第一节 兵团普及国家通用语言文字教育概况

一、兵团基本概况

兵团组建于 1954 年 10 月，是新疆维吾尔自治区的重要组成部分。兵团实行党政军企高度统一的特殊管理体制，下辖 14 个师市、179 个团场，承担着国家赋予的维稳戍边职责。

《2020 年兵团统计年鉴》显示，兵团总人口为 3 248 441 人，其中少数民族人口为 483 899 人，占比 14.9%。兵团除新疆 13 个世居民族外，还有东乡族、保安族、撒拉族、裕固族、达斡尔族、布依族、苗族、彝族、土族、白族、土家族、瑶族、哈尼族、羌族、仡佬族、侗族、壮族、朝鲜族、高山族等共 37 个少数民族。兵团少数民族人口的分布与全国一样，都具有“大杂居、小聚居，又分散、又聚居”的特点。兵团 14 个师市各民族人口分布情况如表 3-1 所示：第一师总人口 408 987 人，其中，汉族 361 869 人（88.48%），维吾尔族 33 472 人（8.18%），哈萨克族 645 人（0.16%），回族 3 088 人（0.76%），蒙古族 559 人（0.14%），其他少数民族 9 354 人（2.29%）；第二师总人口 231 566 人，其中，汉族 220 049 人（95.03%），维吾尔族 5 899 人（2.55%），哈萨克族 23 人（0.01%），回族 1 666 人（0.72%），蒙古族 813 人（0.35%），其他少数民族 3 116 人（1.35%）；第三师总人口 270 137 人，其中，汉族 127 546 人（47.22%），维吾尔族 138 716 人（51.35%），哈萨克族 16 人（0.01%），回族 1 300 人（0.48%），蒙古族 116 人（0.04%），其他少数民族 2 443 人（0.90%）；第四师总人口 256 551 人，其中，汉族 197 654 人（77.04%），维吾尔族 15 126 人（5.90%），哈萨克族 27 795 人（10.83%），回族 10 402 人

(4.05%)，蒙古族 2 661 人 (1.04%)，其他少数民族 2 913 人 (1.14%)；第五师总人口 133 173 人，其中，汉族 115 759 人 (86.92%)，维吾尔族 5 293 人 (3.97%)，哈萨克族 3 708 人 (2.78%)，回族 6 203 人 (4.66%)，蒙古族 1 383 人 (1.04%)，其他少数民族 827 (0.62%)；第六师总人口 371 233 人，其中，汉族 328 385 人 (88.46%)，维吾尔族 10 642 人 (2.87%)，哈萨克族 8 203 人 (2.21%)，回族 19 941 人 (5.37%)，蒙古族 808 人 (0.22%)，其他少数民族 3 254 人 (0.88%)；第七师总人口 248 126 人，其中，汉族 235 476 人 (94.90%)，维吾尔族 2 197 人 (0.89%)，哈萨克族 1 596 人 (0.64%)，回族 6 627 人 (2.67%)，蒙古族 523 人 (0.21%)，其他少数民族 1 707 人 (0.69%)；第八师总人口 691 049 人，其中，汉族 656 145 人 (94.95%)，维吾尔族 6 543 人 (0.95%)，哈萨克族 3 749 人 (0.54%)，回族 15 982 人 (2.31%)，蒙古族 877 人 (0.13%)，其他少数民族 7 753 人 (1.12%)；第九师总人口 85 655 人，其中，汉族 80 028 人 (93.43%)，维吾尔族 60 人 (0.07%)，哈萨克族 3 421 人 (3.99%)，回族 1 224 人 (1.43%)，蒙古族 353 人 (0.41%)，其他少数民族 569 人 (0.66%)；第十师总人口 111 133 人，其中，汉族 107 072 人 (96.35%)，维吾尔族 97 人 (0.09%)，哈萨克族 1 188 人 (1.07%)，回族 1 705 人 (1.53%)，蒙古族 198 人 (0.18%)，其他少数民族 873 人 (0.79%)；第十一师总人口 70 525 人，其中，汉族 68 448 人 (97.05%)，维吾尔族 507 人 (0.72%)，哈萨克族 55 人 (0.08%)，回族 980 人 (1.39%)，蒙古族 82 人 (0.12%)，其他少数民族 453 人 (0.64%)；第十二师总人口 139 166 人，其中，汉族 107 343 人 (77.13%)，维吾尔族 5 335 人 (3.83%)，哈萨克族 3 934 人 (2.83%)，回族 20 779 人 (14.93%)，蒙古族 198 人 (0.14%)，其他少数民族 1 578 人 (1.13%)；第十三师总人口 118 206 人，其中，汉族 95 103 人 (80.46%)，维吾尔族 12 978 人 (10.98%)，哈萨克族 6 211 人 (5.25%)，回族 2 808 人 (2.38%)，蒙古族 86 人 (0.07%)，其他少数民族 1 020 人 (0.86%)；第十四师总人口 73 024 人，其中，汉族 28 914 人 (39.60%)，维吾尔族 43 513 人 (59.59%)，哈萨克族 4 人 (0.01%)，回族 217 人 (0.30%)，蒙古族 44 人 (0.06%)，其他少数民族 332 人 (0.45%)。

表 3-1　兵团 14 个师市各民族人口分布情况

名称	总人数（人）	汉族（人）	维吾尔族（人）	哈萨克族（人）	回族（人）	蒙古族（人）	其他少数民族（人）
第一师	408 987	361 869	33 472	645	3 088	559	9 354
第二师	231 566	220 049	5 899	23	1 666	813	3 116
第三师	270 137	127 546	138 716	16	1 300	116	2 443
第四师	256 551	197 654	15 126	27 795	10 402	2 661	2 913
第五师	133 173	115 759	5 293	3 708	6 203	1 383	827
第六师	371 233	328 385	10 642	8 203	19 941	808	3 254
第七师	248 126	235 476	2 197	1 596	6 627	523	1 707
第八师	691 049	656 145	6 543	3 749	15 982	877	7 753
第九师	85 655	80 028	60	3 421	1 224	353	569
第十师	111 133	107 072	97	1 188	1 705	198	873
第十一师	70 525	68 448	507	55	980	82	453
第十二师	139 166	107 343	5 335	3 934	20 779	198	1 578
第十三师	118 206	95 103	12 978	6 211	2 808	86	1 020
第十四师	73 024	28 914	43 513	4	217	44	332

总体来说，兵团人口中少数民族遍布各师，其中：以维吾尔族人口居多，主要集中在第三师，有 138 716 人，第十四师有 43 513 人，第一师有 33 472 人，第四师有 15 126 人，第十三师有 12 978 人，以第九师、第十师最少；哈萨克族主要分布在第四师，有 27 795 人，第六师有 8 203 人；回族主要分布在第十二师，有 20 779 人，第六师有 19 941 人，第八师有 15 982 人，第四师有 10 402 人；蒙古族主要分布在第四师，有 2 661 人，第五师有 1 383 人，第八师有 877 人，第二师有 813 人，第六师有 808 人。

二、国家通用语言文字教育政策回顾

我国是统一的多民族国家，多民族、多语言是我国的基本国情，国家通用语言文字的普及作为我国和谐统一、繁荣昌盛的基本条件之一，在我国的发展历程中起到重要作用。兵团地处我国经济水平欠发达的边疆地区，与我国各地区经济文化有机联系，同时为了满足多民族聚居地区各民族间交往交流交融的需求，国家通用语言文字在兵团的普及尤为重要。

（一）新中国成立之初国家通用语言文字教育政策（1949—1977 年）

新中国成立之初，国家十分重视语言文字规范化问题，成立了专门的语言文字改革机构。20 世纪 50 年代初，党中央确定简化汉字、推广普通话、制定和推行汉语拼音方案为语言文字工作的三大任务。1956 年国务院颁布《汉字简化方案》，该方案的核心工作是我国汉字的简化以及简化后汉字的普及，该方案拟定后 30 年时间里随着时代的进步不断补充、完善。《汉字简化方案》的发布作为我国通用语言文字改革的良好开端，为我国通用语言文字的普及奠定了坚实基础。1952 年《民族区域自治实施纲要》公布实施，其条目明确规定在少数民族自治地区的机关要使用自治区内通用的少数民族文字，以此保证和促进各民族的文化教育事业发展。该文件考虑到当时经济发展水平以及民族地区特殊情况，作出保护少数民族语言文字的规定。1955 年召开的全国文字改革会议明确了普通话推广的方针为“大力提倡，重点推行，逐步普及”。1956 年，中央推广普通话工作委员会成立；同年国务院向全国发布《关于推广普通话的指示》，对普通话的定义和标准作了规定，以北京语音为标准音、以北方话为基础方言、以典范的现代白话文著作为语法规范，进一步促进了我国通用语言文字普及。

这一时期的成人汉语言文字教育内容包括以简化汉字为中心的识字教育和以普通话为中心的语言教育。在语言文字改革朝规范化、标准化方向发展的影响以及国家政令的支持下，较中华民国时期来讲，这一阶段的教育内容更为丰富，实施范围有所扩大，成效更为显著。这对改变新中国成立初期的积贫积弱现象有重要意义。二十世纪六七十年代，由于各种因素的影响，我国通用语言文字的普及工作出现了停滞。

（二）20 世纪的改革开放时期国家通用语言文字教育政策（1978—1999 年）

1978 年党的十一届三中全会后，我国文字改革工作逐渐恢复，语言文字工作机构的职能开始明晰。在党中央的重视指导下，中国文字改革委员会继续发挥作用，领导着我国的文字改革工作；与此同时，全国高等院校文字改革学会于 1981 年成立，成为群众性学术团体的代表，推动了中国文字改革的科学研究工作。1980年召开的中国文字改革委员会会议制定了《中国文字改革委员会年工作计划要点》，提出要开展继续修订《第二次汉字简化方案（草案）》、协助教育部积极推广普通话等工作。1982年公布施行的《宪法》指出，国家推广全国通用的普通话。这表明我国通用语言文字普及随着改革开放的深入、社会经济的快速发展，进入一个全新的阶段。

1985年中国文字改革委员会改名为国家语言文字工作委员会，简称国家语委。其主要职责是制定汉语和少数民族语言文字的规范和标准并组织协调监督检查，负责指导、推广普通话工作，促进语言文字的规范化、标准化，继续推动文字改革工作，并做好有关的社会服务工作。1986年召开的全国通用语言文字工作会议上，时任国家语委主任的刘导生在其大会报告中提出了“推广普通话、汉字的研究和整理、推行《汉语拼音方案》、汉语汉字的信息处理”四项任务，而不再提汉字拼音化或简化汉字。

1995年《中华人民共和国教育法》规定，学校应当使用国家通用语言文字、推广使用普通话。

改革开放初期，普通话在学校和社会的推广都处于一种非自觉状态。这一状况在20世纪80年代后得到改善——普通话推广工作在国家法律层面不断得到强调。1982年“国家推广全国通用的普通话”被写入《宪法》，1986年全国通用语言文字工作会议规定新的普通话推广方针为“大力推行和积极普及”，1992年《国家语言文字工作十年规划和“八五”计划纲要》调整为“大力推行，积极普及，逐步提高”。在国家层面，推广普通话的要求不断提高；在社会层面，我国普通话推广程度不断提高。1998年起，每年9月第三周为全国推广普通话宣传周。

（三）21世纪以来国家通用语言文字教育政策（2000年至今）

21世纪以来，国家通用语言文字教育的规范性加强，尤其是党的十八大以来，国家通用语言文字普及推广工作与脱贫攻坚、新农村建设工作紧密联系，成为国家政治、经济、文化建设的重要支持和保障。民族地区国家通用语言文字普及推广是重中之重，是国家打赢脱贫攻坚战、全面建成小康社会的动力基础和人才资源保障。2000年10月颁布并于2001年1月1日起施行的《国家通用语言文字法》是我国历史上第一部专门关于国家通用语言文字的法律。它确定了国家通用语言文字的法律地位，确定了普通话和规范汉字的标准；也在法律层面确认了作为公民必须要掌握和使用国家通用语言文字的义务和权利，明确了各级政府和相关部门在国家通用语言文字普及推广过程中应该承担的义务和责任。2014 年召开的中央民族工作会议明确指出，“语言相通是人与人相通的重要环节……语言不通就难以沟通，不沟通就难以达成理解，就难以形成认同。少数民族学好国家通用语言，对于更好地就业、更好地接受现代文化、更便捷地融入现代社会都有利”。2016 年教育部、国家语委发布的《国家语言文字事业“十三五”发展规划》提出，到 2020 年，“全国范围内普通话基本普及，语言障碍基本消除；农村普通话水平显著提高，民族地区国家通用语言文字普及程度大幅度提高”，并强调“提高保障国家战略和安全的语言文字服务能力，加强语言与国家安全，语言认同与国家认同、中华民族认同、中华文化认同研究，为保障国家统一、民族团结和社会稳定提供政策支持和专业服务。”2018 年新修正后的《宪法》涉及语言文字的规定主要有两条，即“国家推广全国通用的普通话”和“各民族都有使用和发展自己的语言文字的自由”。2017 年国务院印发的《国家教育事业发展“十三五”规划》也强调要“加强民族地区国家通用语言文字教育，确保少数民族学生基本掌握和使用国家通用语言文字”。2018 年教育部、国务院扶贫办、国家语委三部委联合印发《推普脱贫攻坚行动计划（2018—2020 年）》，明确指出充分发挥普通话在提高劳动力基本素质、促进职业技能提升、增强就业能力等方面的重要作用，将普通话普及率的提升纳入地方扶贫部门、教育扶贫部门工作绩效考核，为打赢脱贫攻坚战、全面建成小康社会奠定良好基础。

2000 年以来，以《国家通用语言文字法》的颁布为标志，我国通用语言文字法律法规体系和治理体系趋于完备，语言文字规范标准日益完善，国家通用语言文字教育朝法制化方向发展。实现民族地区现代化，关系到整个中华民族的社会主义现代化国家建设进程。在我国迈入全面建设社会主义现代化国家的新发展阶段，我们需要进一步加大力度，采取各种措施，促进民族地区的经济、社会和文化全面发展；发挥好中央政府、经济发达地区、民族地区 3 个方面的积极性，优化对口支援机制，谋划好“十四五”时期的民族地区发展大计。必须提高政治大局意识，从铸牢中华民族共同体意识的经济基础角度，以坚决的态度，着眼长远，加大民族地区国家通用语言文字普及推广力度，让民族地区与东部发达地区的经济文化联系更加紧密，缩小区域差距，实现区域协同发展，共同迈向社会主义现代化国家建设的康庄大道。

（四）兵团普及国家通用语言文字教育政策

我国是统一的多民族国家，是由 56 个民族组成的大家庭，只有语言相通、相互了解，才能更加全面深入地实现交往交流交融，把民族团结落到实处。国家既依法保障各民族使用和发展自己的语言文字的自由，又大力推广普及国家通用语言文字，有利于在更高的层面上增强中华民族的凝聚力，形成“各美其美、美人之美、美美与共”的局面。语言文字相通，各民族之间就会多一份尊重、多一分理解、多一份包容，“像石榴籽一样紧紧抱在一起”将会更加牢固，团结奋斗、阔步前进的步伐将会更加坚定有力。2017 年，兵团按照“应入尽入”“应建尽建”任务要求，全面落实团场学前三年免费教育，新增在园幼儿 0.72 万人，新建、改扩建幼儿园 93 所，做到了团场适龄儿童“应入尽入”，让越来越多的少数民族幼儿养成了好习惯、过了“语言关”，开启了更加光明的未来。2018 年 10 月 22 日，兵团召开少数民族职工群众国家通用语言文字培训工作座谈会，兵团党委副书记提出要提高政治站位，把少数民族职工群众国家通用语言文字培训工作作为重大的政治任务来抓，在培训过程中坚持正确的方向，切实加强爱国教育，促进少数民族职工群众树立正确的国家观、民族观、历史观、文化观，增强各族职工群众对伟大祖国的认同、对中华民族的认同、对中华文化的认同、对中国共产党的认同、对中国特色社会主义道路的认同。要把这项工作作为艰巨的战略任务来抓，坚持打基础与利长远相一致，以社会主义核心价值观为引领，坚守中华文化立场，促进各民族群众语言相通，心灵相通，夯实命运共同体。要把这项工作作为重要的民生任务来抓，将其作为增加少数民族职工群众发展机会、帮助他们摆脱贫困的重要途径，作为关系各族职工群众福祉、打好脱贫攻坚战、全面建成小康社会的重要基础工作。

第二节　兵团普及国家通用语言文字教育的现状调查

一、样本分布

本次调研选取兵团 14 个师市中 15～65 岁少数民族劳动力作为研究对象，共发放问卷 1 084 份，回收有效问卷 770 份，有效率 71.03%。样本分布具体情况如表 3-2 所示：从性别分布来看，男性少数民族劳动力为 327 人、占比 42.47%，女性少数民族劳动力为 443 人、占比 57.53%；从民族分布情况来看，维吾尔族 604 人、占比 78.44%，哈萨克族 79 人、占比 10.26%，回族 34 人、占比 4.41%，蒙古族 11 人、占比 1.43%，其他少数民族 42 人、占比 5.45%；从年龄分布来看，15～29 岁有 519 人、占比 67.4%，30～44 岁的有 95 人、占比 12.34%，45～59 岁的有 145 人、占比 18.83%，60～65 岁的有 11 人、占比 1.43%；从受教育水平分布来看，接受过小学及以下教育的有 42 人、占比 5.45%，接受过初中教育的有 140 人、占比 18.18%，接受过高中教育的有 57 人、占比 7.40%，接受过中专教育的有 56 人、占比 7.27%，接受过大专教育的有 402 人、占比 52.21%，接受过本科及以上教育的有 73 人、占比 9.48%；从接受民汉混合学校教育情况来看，有 474 人从小接受民汉混合学校教育、占比 61.56%，未从小接受民汉混合学校教育的有 296 人、占比 38.44%；从工作性质看，服务业人员有 39 人（5.06%），军人及公检法人员有 21 人（2.72%），个体经营者有 51 人（6.62%），卫生部门人员有 3 人（0.39%），交通运输业人员有 7 人（0.91%），企业人员有 76 人（9.87%），行政机关人员有 20 人（2.60%），教育部门人员有 26 人（3.38%），建筑业人员 57 人（7.40%），金融业人员有 3 人（0.39%），林牧渔业人员有 28 人（3.64%），科学文化艺术人员有 8 人（1.04%），邮电通信业人员有 4 人（0.52%），务农人员有 117 人（15.19%），其他职业人员有 310 人（40.26%）；从婚姻状况看，已婚劳动力有 231 人、占比 30.00%，未婚有 517 人、占比 67.14%，离异、丧偶分别为 12 人（1.56%）、10 人（1.30%）；从配偶就业情况来看，配偶已就业有 369 人、占比 47.92%，配偶未就业有 401 人、占比 52.08%；从子女数方面来看，无子女的有 349 人、占比 45.32%，有 1 个子女的有 81 人、占比 10.52%，有 2 个子女的有 195 人、占比 25.32%，有 3 个及以上子女的有 145 人、占比 18.83%。

表 3-2　样本分布基本数据

变量名称	类别	人数	占比（%）
性别	男	327	42.47
	女	443	57.53
民族	维吾尔族	604	78.44
	哈萨克族	79	10.26
	回族	34	4.41
	蒙古族	11	1.43
	其他少数民族	42	5.45
年龄	15～29 岁	519	67.40
	30～44 岁	95	12.34
	45～59 岁	145	18.83
	60～65 岁	11	1.43
受教育水平	小学及以下	42	5.45
	初中	140	18.18
	高中	57	7.40
	中专	56	7.27
	大专	402	52.21
	本科及以上	73	9.48
从小接受民汉混合学校教育	是	474	61.56
	否	296	38.44
工作性质	服务业人员	39	5.06
	军人及公检法人员	21	2.72
	个体经营者	51	6.62
	卫生部门人员	3	0.39
	交通运输业人员	7	0.91
	企业人员	76	9.87
	行政机关人员	20	2.60

（续）

变量名称	类别	人数	占比（%）
工作性质	教育部门人员	26	3.38
	建筑业人员	57	7.40
	金融业人员	3	0.39
	林牧渔业人员	28	3.64
	科学文化艺术人员	8	1.04
	邮电通信业人员	4	0.52
	务农人员	117	15.19
	其他职业人员	310	40.26
婚姻状况	已婚	231	30.00
	未婚	517	67.14
	离异	12	1.56
	丧偶	10	1.30
配偶	已就业	369	47.92
	未就业	401	52.08
子女数	无	349	45.32
	1个	81	10.52
	2个	195	25.32
	3个及以上	145	18.83

二、兵团普及国家通用语言文字教育现状的描述性分析

（一）兵团少数民族劳动力国家通用语言文字使用情况

1. 社会交往使用国家通用语言情况

如表3-3所示，兵团少数民族劳动力在不同场合使用的语言情况不同。从研究对象在社会生活中使用的语言情况来看，国家通用语言使用频率最高，有464人，占比60.26%；在外使用少数民族语言的人数仅有176人，占比22.86%。从研究对象在家庭中使用的语言情况来看，最常使用的是少数民族语言，有481人，占比62.47%；在家使用国家通用语言的人数仅有205人，占比26.62%。说明兵团少数民族劳动力在家庭中基本上使用少数民族语言交流，而在工作中大多用国家通用语言交流。

表 3-3 兵团少数民族劳动力在不同场合使用的语言情况

不同场合使用的语言	少数民族语言	方言	国家通用语言	其他
在家庭中使用的语言	481	67	205	17
在社会生活中使用的语言	176	113	464	17

2. 国家通用语言文字掌握程度

如表 3-4 所示，在兵团少数民族劳动力国家通用语言文字掌握程度自我评价方面，均值为 3.68 分，若以理论值 3 分作为判别标准，那么兵团少数民族劳动力国家通用语言文字掌握程度处于中等偏上水平。其中，选择“完全不熟练”的有 6 人、占比 0.78%，选择“比较不熟练”的有 49 人、占比 6.36%，选择“一般”的有 308 人、占比 40.00%，选择“比较熟练”的有 229 人、占比 29.74%，选择“完全熟练”的有 178 人、占比 23.12%。

表 3-4 兵团少数民族劳动力国家通用语言文字掌握程度

国家通用语言文字掌握程度	人数	占比（%）
完全不熟练	6	0.78
比较不熟练	49	6.36
一般	308	40.00
比较熟练	229	29.74
完全熟练	178	23.12

（二）国家通用语言文字教育接受态度情况

态度是指人对某一特定对象，即人、事、物、团体及观念所持有的评价系统和行为倾向，是一种心理倾向，是一种行为的反应，是由过去的经验构成的。必须指出，语言文字态度是对语言文字的价值评价，它既不等于语言文字价值本身，也不等于对语言文字的科学认识，但语言文字态度对人们的语言文字行为有着重要的影响作用。

语言文字态度对于本次调研结果至关重要，了解语言文字态度才能为本地的语言文字政策提供相对应的依据，主要涉及语言文字态度的问题有：“您觉得国家通用语言文字教育是否为就业信息的获取提供便利”“国家通用语言文字教育对您劳动专业技能学习帮助程度”“国家通用语言文字教育对您提升收入的帮助程度”。

1. 国家通用语言文字教育与就业信息获取

研究国家通用语言文字教育为劳动力就业信息的获取提供便利的情况。由调查可知，调研对象中有698人选择国家通用语言文字教育对获取就业信息能够提供便利，占样本量的90.65%，仅有72个人选择未能提供便利。

2. 国家通用语言文字教育与专业技能学习

研究国家通用语言文字教育对少数民族劳动力劳动专业技能学习帮助程度。由表3-5可知，调研对象中有261人认为国家通用语言文字教育对个体劳动专业技能学习有非常大的帮助，占比33.90%；仅有25人选择国家通用语言文字教育对个体劳动专业技能学习只有非常小的帮助，占比3.25%。

表3-5　国家通用语言文字教育对少数民族劳动力劳动专业技能学习帮助程度的描述性分析

项目	非常小	比较小	一般	比较大	非常大
频数	25	38	252	194	261
百分比	3.25%	4.94%	32.73%	25.19%	33.90%

3. 国家通用语言文字教育与劳动收入

研究国家通用语言文字教育对少数民族劳动力提升收入的帮助程度。由表3-6可知，选择“有帮助”的人有754人，占比97.92%，其中204人认为帮助程度非常大、占比26.49%；仅有16人选择“无帮助”，占样本量的2.08%。说明兵团少数民族劳动力已经意识到国家通用语言文字教育在生产生活中有着不可撼动的地位，对于推广普及国家通用语言文字教育的态度是正向且积极的。

表3-6　国家通用语言文字教育对少数民族劳动力提升收入帮助程度的描述性分析

项目	无帮助	非常小	比较小	一般	比较大	非常大
频数	16	38	90	224	198	204
百分比	2.08%	4.94%	11.69%	29.09%	25.71%	26.49%

三、兵团少数民族劳动力国家通用语言文字教育培训情况

（一）兵团少数民族劳动力国家通用语言文字教育岗前培训现状

1. 兵团少数民族劳动力接受国家通用语言文字教育培训情况

研究兵团少数民族劳动力接受国家通用语言文字教育培训情况，从调查得出，在接受调查的770名兵团少数民族劳动力中，接受过国家通用语言文字教育培训的为652人、占比84.67%，未接受过国家通用语言文字教育培训的为118人、占比15.33%。说明兵团大多数少数民族劳动力均接受过国家通用语言文字教育培训，也反映出兵团对少数民族劳动力接受国家通用语言文字教育培训十分重视。

2. 兵团少数民族劳动力接受国家通用语言文字教育培训途径

从兵团少数民族劳动力接受国家通用语言文字教育培训的途径来看，主要以村镇组织集中教学为主，自主学习是除村镇组织集中教学之外集中学习国家通用语言文字的重要途径。如表3-7所示，村镇组织学习国家通用语言文字教育所占比例最高，有274人，占比35.58%；自主学习（通过书本、网络、电视等媒介）次之，有194人，占比25.19%；参加公办免费培训班的有97人（12.60%），稍高于入职前企业培训人数71人（9.22%）；自费参加民办培训班的人数最少，为16人（2.08%）。说明兵团少数民族劳动力更倾向于参与村镇免费组织开展的国家通用语言文字教育培训，对自费参与民办国家通用语言文字教育培训积极性不强。兵团办公厅印发《兵团少数民族职工群众国家通用语言文字培训实施意见》中也强调，团场连队（社区）要根据生产生活实际，通过举办夜校、封闭或走读等形式统一组织国家通用语言文字集中培训，组织职工群众收听广播电视汉语频道，借助专门手机软件等信息化学习工具和资源自主学习，提高职工群众思想文化素质，增强少数民族劳动力就业创业能力。

表3-7　兵团少数民族劳动力接受国家通用语言文字教育培训途径的描述性分析

培训途径	村镇学习	入职前学习	公办培训班（免费）	民办培训班（自费）	自学
频数	274	71	97	16	194
百分比	35.58%	9.22%	12.60%	2.08%	25.19%

3. 兵团少数民族劳动力接受国家通用语言文字教育培训时长

从兵团少数民族劳动力接受过国家通用语言文字教育培训时长来看，3个月及以上的所占比例最高。如表3-8所示，兵团少数民族劳动力接受过国家通用语言文字教育培训时长为3个月及以上的人数最多，有400人，占比51.95%；接受过1个月国家通用语言文字教育培训的人数次之，有172人，占比22.34%；接受过2～3个月国家通用语言文字教育培训的人数最少，有80人，占比10.39%。

表3-8　兵团少数民族劳动力接受过国家通用语言文字教育培训时长的描述性分析

培训时长	1个月	2～3个月	3个月及以上
频数	172	80	400
百分比	22.34%	10.39%	51.95%

4. 兵团少数民族劳动力接受国家通用语言文字教育培训次数

从兵团少数民族劳动力接受国家通用语言文字教育培训次数来看，接受过4次及以上的人数所占比例最高。如表3-9所示，兵团少数民族劳动力接受国家通用语言文字教育培训次数为4次及以上的人数最多，有300人，占比38.96%；接受过1次培训的人数次之，有161人，占比20.91%；接受2次培训的人数居第三，有120人，占比15.58%；接受过3次培训的人数最少，仅71人，占比9.22%。

表3-9　兵团少数民族劳动力接受国家通用语言文字教育培训次数的描述性分析

培训次数	1次	2次	3次	4次及以上
频数	161	120	71	300
百分比	20.91%	15.58%	9.22%	38.96%

（二）兵团少数民族劳动力接受国家通用语言文字教育培训意愿

1. 国家通用语言文字教育培训对个体专业技能培养及就业发展的情况

从兵团少数民族劳动力接受国家通用语言文字教育培训的意愿来看，大多数人认为国家通用语言文字教育培训对其专业技能培养及就业发展情况具有正向影响，且支持教育培训持续深入开展。如表3-10所示，90.77%的人认为国家通用语言文字教育培训对个体专业技能培养及就业发展具有影响，且52.60%的人表示影响很大。

表3-10 国家通用语言文字教育培训对个体专业技能培养及就业发展的描述性分析

项目	没有影响	一点点	一般	较大	很大
频数	71	58	118	118	405
百分比	9.22%	7.53%	15.32%	15.32%	52.60%

2. 兵团少数民族劳动力对国家通用语言文字教育培训所持观点

如表3-11所示，91.43%的人支持开展国家通用语言文字教育培训，其中67.27%的人表示出强烈的愿望。说明兵团地区少数民族劳动力在接受国家通用语言文字教育培训后，其专业技能及就业情况发生了明显好转，从个人主观意愿方面对国家通用语言文字教育培训的开展表示大力支持。

表3-11 兵团少数民族劳动力对国家通用语言文字教育培训所持观点的描述性分析

项目	无所谓	不支持，觉得没用	一般	支持，应该多组织
频数	20	46	186	518
百分比	2.60%	5.97%	24.16%	67.27%

四、兵团少数民族劳动力国家通用语言文字能力现状调查

（一）兵团少数民族劳动力国家通用语言文字能力的描述性分析

通过对兵团少数民族劳动力国家通用语言文字能力听、说、读、写4个维度的调研，深入了解兵团少数民族劳动力国家通用语言文字能力现状。从整体上看，如表3-12所示，兵团少数民族劳动力国家通用语言文字能力的均值为3.632分，若以理论均值3分作为判别标准，那么兵团少数民族劳动力国家通用语言文字能力处于中等偏上水平。同时，听、说、读、写4个维度的得分也均高于理论均值。其中，听的能力得分均值最高（3.672分），

说的能力得分次之（3.661 分），写的能力得分再次之（3.619 分），读的能力得分最低（3.577 分）。说明调研对象对个人基本信息能很好地进行理解与表达，能够在经济生活中进行简单交流（如银行存款、购物等），能够在社会生活中进行基本书面交流（如发邮件、写信等），能够在工作中进行基本书面汇报、总结。兵团少数民族劳动力基本掌握了国家通用语言文字能力，但仍待进一步提高，尤其是读和写的能力。

表 3-12 各能力维度的得分情况

维度	项数	最小值（分）	最大值（分）	平均值（分）	标准差
听的能力	4	1.00	5.00	3.672	1.024
说的能力	4	1.00	5.00	3.661	1.029
读的能力	4	1.00	5.00	3.577	1.040
写的能力	4	1.00	5.00	3.619	1.024
能力总分	16	1.00	5.00	3.632	0.997

（二）兵团少数民族劳动力国家通用语言文字能力各维度的相关性分析

从表 3-13 来看，各能力维度间的得分均值均在 0.01 水平上呈显著的中高度正相关。兵团少数民族劳动力国家通用语言文字能力内部各维度间呈中高度正相关，即调查对象的国家通用语言文字听、说、读、写能力之间呈高度正相关。

表 3-13 各能力维度的相关性矩阵

维度	听的能力	说的能力	读的能力	写的能力
听的能力	1			
说的能力	0.941**	1		
读的能力	0.893**	0.928**	1	
写的能力	0.883**	0.921**	0.934**	1

注：** 表示在 0.01 级别（双尾），相关性显著，下同。

（三）兵团少数民族劳动力国家通用语言文字能力各维度的差异性分析

为进一步了解兵团少数民族劳动力国家通用语言文字能力的差异，采用独立样本 T 检验和方差分析探讨群体间的平均数差异。分别以调查对象的人口统计学变量（性别、年龄、民族、受教育水平、工作性质、配偶就业情况、是否从小接受双语教育 7 个方面）、国家通用语言文字教育培训情况（是否接受培训、培训途径、培训时长、培训次数等 6 个方面）及对国家通用语言文字教育培训的态度（为就业信息获取提供便利程度、对个人劳动专业技能学习帮助程度、对个人提升收入的帮助程度 3 个方面）为自变量，以国家通用语言文字能力的 4 个维度（听、说、读、写）为因变量，探讨不同背景的研究对象国家通用语言文字能力的差异。

1. 人口统计学变量

（1）性别。使用独立样本 T 检验探讨兵团少数民族劳动力国家通用语言文字能力在性别方面是否存在显著差异，结果如表 3－14 所示，兵团少数民族劳动力国家通用语言文字听、说、读、写 4 种能力在性别方面均不存在显著差异，但平均得分大于理论值 3 分，表明男性和女性少数民族劳动力在国家通用语言文字能力 4 个维度表现较好。

表 3－14　性别在少数民族劳动力国家通用语言文字能力的差异性

变量	男（N=327）	女（N=443）	T	P
听的能力	3.659±0.972	3.681±1.062	−0.300	0.764
说的能力	3.646±0.992	3.672±1.057	−0.348	0.728
读的能力	3.567±0.996	3.584±1.072	−0.222	0.825
写的能力	3.641±0.979	3.603±1.058	0.511	0.610

（2）年龄。采用单因素方差分析探讨不同年龄段对兵团少数民族劳动力国家通用语言文字能力的 4 个维度是否具有显著性差异，结果如表 3－15 所示，不同年龄段少数民族劳动力在听的能力方面不存在显著差异（F＝2.093，P＝0.1），而在说的能力（F＝3.189，P＝0.023）、读的能力（F＝3.652，P＝0.012）和写的能力（F＝3.455，P＝0.016）方面存在显著差异。继而进行 LSD 事后比较可知，15～29 岁年龄段在说、读、写的能力方面得分均值最高，60 岁以上得分均值最低。

表 3-15 年龄在少数民族劳动力国家通用语言文字能力的差异性

年龄	听的能力		说的能力		读的能力		写的能力	
	均值	标准差	均值	标准差	均值	标准差	均值	标准差
15～29 岁	3.716	1.015	3.705	1.015	3.644	1.013	3.675	0.992
30～44 岁	3.632	0.941	3.587	0.965	3.408	0.949	3.563	0.962
45～59 岁	3.586	1.089	3.617	1.102	3.505	1.156	3.521	1.142
60 岁以上	3.045	1.083	2.795	0.967	2.841	1.044	2.795	1.083
总计	3.672	1.024	3.661	1.029	3.577	1.040	3.619	1.024
F	2.093		3.189*		3.652*		3.455*	
LSD			4<3*，2*，1*		4<3*，2*，1*		4<3*，2*，1*	

注：* 表示在 0.05 级别（双尾），相关性显著，下同。

（3）民族。采用单因素方差分析探讨不同民族对兵团少数民族劳动力国家通用语言文字能力的 4 个维度是否具有显著性差异，结果如表 3-16 所示，不同民族在听的能力（F=6.674，P=0.000）、说的能力（F=5.689，P=0.000）、读的能力（F=5.121，P=0.000）和写的能力（F=4.225，P=0.002）方面均存在显著差异。继而进行 LSD 事后比较可知，维吾尔族劳动力国家通用语言文字能力得分最低，显著低于回族劳动力。

表 3-16 民族在少数民族劳动力国家通用语言文字能力的差异性

民族	听的能力		说的能力		读的能力		写的能力	
	平均值	标准差	平均值	标准差	平均值	标准差	平均值	标准差
维吾尔族	3.598	0.992	3.593	0.993	3.517	0.988	3.569	0.969
哈萨克族	3.680	1.127	3.661	1.129	3.535	1.147	3.554	1.169
回族	4.346	0.917	4.265	0.996	4.162	1.057	4.088	1.111
蒙古族	4.068	0.949	3.864	1.185	3.727	1.407	3.750	1.374
其他少数民族	4.071	1.103	4.095	1.113	4.000	1.226	4.054	1.180
总计	3.672	1.024	3.661	1.029	3.577	1.040	3.619	1.024
F	6.674***		5.689***		5.121***		4.225**	
LSD	1<5*，3*		1<5*，3*		1<5*，3*		1<，5*，3*	

注：*** 表示在 0.001 级别（双尾），相关性显著，下同。

（4）受教育水平。从受教育水平角度探讨兵团少数民族劳动力国家通用语言文字能力4个维度的差异性，结果如表3-17所示，不同受教育水平的少数民族劳动力在听的能力（F＝4.257，P＝0.001）、说的能力（F＝4.010，P＝0.001）、读的能力（F＝7.152，P＝0.000）、写的能力（F＝5.319，P＝0.000）方面均存在显著差异。继而进行LSD事后比较可知，小学及以下学历的少数民族劳动力在听、说能力方面显著低于本科及以上、高中和大专学历的少数民族劳动力，在读、写能力方面显著低于本科及以上、高中、大专和中专学历的少数民族劳动力。

表3-17　受教育水平在少数民族劳动力国家通用语言文字能力的差异性

文化水平	听的能力		说的能力		读的能力		写的能力	
	平均值	标准差	平均值	标准差	平均值	标准差	平均值	标准差
小学及以下	3.298	1.166	3.304	1.146	3.042	1.107	3.155	1.085
初中	3.496	1.015	3.495	1.040	3.305	1.070	3.423	1.062
高中	3.860	0.908	3.807	0.928	3.658	0.948	3.702	1.004
中专	3.650	1.131	3.650	1.146	3.636	1.125	3.641	1.117
大专	3.682	0.998	3.669	1.003	3.631	0.993	3.648	0.975
本科及以上	4.034	0.985	4.038	0.962	4.000	0.984	4.024	0.980
F	4.257**		4.010**		7.152***		5.319***	
LSD	1<5*，3*，6*		1<5*，3*，6*		1<5*，4*，3*，6*		1<4*，5*，3*，6*	

（5）工作性质。如表3-18所示，工作性质对少数民族国家通用语言文字听的能力（F＝2.472，P＝0.002）、说的能力（F＝2.660，P＝0.001）、读的能力（F＝3.075，P＝0.000）、写的能力（F＝2.926，P＝0.000）方面均存在显著差异影响。继而通过LSD事后比较可知，行政机关人员的能力得分最高，具体而言：在听的能力方面，显著高于企业人员、个体经营者、其他职业人员、服务业人员、林牧渔业人员、建筑业人员、务农人员、军人及公检法人员、邮电通信业人员；在说的能力方面，行政机关人员平均得分显著高于企业人员、个体经营者、其他职业人员、服务业人员、林牧渔业人员、军人及公检法人员、建筑业人员、务农人员、邮电通信业人员；在读的能力方面，行政机关人员平均得分显著高于个体经营者、其他职业人员、服

务业人员、军人及公检法人员、建筑业人员、务农人员、林牧渔业人员、邮电通信业人员；在写的能力方面，行政机关人员平均得分显著高于个体经营者、其他职业人员、军人及公检法人员、建筑业人员、服务业人员、务农人员、林牧渔业人员。从事农业、林牧渔业、邮电通信业的少数民族劳动力的国家通用语言文字能力平均得分较低，需要进一步对其加强国家通用语言文字教育培训。

表 3-18 工作性质在少数民族劳动力国家通用语言文字能力的差异性

就业种类	听的能力		说的能力		读的能力		写的能力	
	平均值	标准差	平均值	标准差	平均值	标准差	平均值	标准差
服务业	3.545	1.231	3.526	1.273	3.474	1.246	3.397	1.227
军人及公检法	3.345	0.967	3.464	1.047	3.440	1.003	3.524	1.021
个体	3.804	0.975	3.794	0.970	3.632	1.038	3.686	0.974
卫生部门	3.667	1.155	3.750	1.090	3.667	1.155	3.667	1.155
交通运输业	3.750	0.924	3.679	0.943	3.714	0.951	3.714	0.951
企业	3.872	0.862	3.868	0.888	3.842	0.894	3.898	0.881
行政机关	4.413	0.824	4.488	0.813	4.313	0.910	4.338	0.929
教育部门	4.019	1.109	4.038	1.034	4.000	1.111	4.038	1.034
建筑业	3.491	1.039	3.421	1.079	3.425	1.013	3.443	1.014
金融业	3.917	0.946	3.583	1.010	3.583	0.629	3.500	0.500
务农	3.402	0.959	3.387	1.004	3.295	1.019	3.323	0.969
科学文化艺术	4.000	0.744	4.000	0.926	4.031	0.891	4.000	0.926
邮电通信业	2.938	0.944	3.125	0.629	2.938	0.473	3.375	0.595
林牧渔业	3.545	0.965	3.500	0.986	3.027	0.936	3.232	1.067
其他职业	3.706	1.048	3.694	1.021	3.619	1.034	3.665	1.027
总计	3.672	1.024	3.661	1.029	3.577	1.040	3.619	1.024
F	2.472^{**}		2.660^{**}		3.075^{***}		2.926^{***}	
LSD	7>6*，3*，15*，1*，14*，9*，11*，2*，13*		7>6*，3*，15*，1*，14*，2*，9*，11*，13*		7>3*，15*，1*，2*，9*，11*，14*，13*		7>3*，15*，2*9*，1*，11*，14*	

（6）配偶就业情况。使用独立样本 T 检验探讨兵团少数民族劳动力国

家通用语言文字能力在配偶就业方面是否存在显著差异，结果如表 3－19 所示，配偶就业情况对兵团少数民族劳动力国家通用语言文字能力的 4 个维度均存在显著影响，配偶已就业的劳动力在国家通用语言文字听、说、读、写能力上的平均得分显著高于配偶未就业的劳动力。

表 3－19　配偶就业情况在少数民族劳动力国家通用语言文字能力的差异性

变量	已就业（N＝369）	未就业（N＝401）	T	P
听的能力	3.76±1.007	3.59±1.034	2.304	0.021
说的能力	3.738±1.028	3.59±1.027	2.006	0.045
读的能力	3.66±1.01	3.501±1.062	2.128	0.034
写的能力	3.72±1.005	3.527±1.035	2.609	0.009
应用能力	3.72±0.981	3.552±1.005	2.336	0.020

（7）是否从小接受双语教育。是否从小接受双语教育对兵团少数民族劳动力国家通用语言文字能力存在显著影响，如表 3－20 所示，从小接受双语教育的劳动力在国家通用语言文字听、说、读、写能力上的平均得分显著高于从小未接受过双语教育的劳动力。

表 3－20　是否从小接受双语教育在少数民族劳动力国家通用语言文字能力的差异性

变量	接受（N＝474）	未接受（N＝296）	T	P
听的能力	3.776±1.007	3.505±1.03	3.597	0.000
说的能力	3.772±1.017	3.483±1.026	3.823	0.000
读的能力	3.71±1.022	3.363±1.034	4.567	0.000
写的能力	3.725±1.009	3.45±1.028	3.653	0.000
应用能力	3.746±0.984	3.45±0.992	4.042	0.000

2. 国家通用语言文字教育培训情况

（1）是否接受培训。国家通用语言文字教育培训对提高少数民族劳动力国家通用语言文字能力具有极为重要的作用，如表 3－21 所示，国家通用语言文字教育培训在少数民族劳动力国家通用语言文字写的能力方面存在显著差异（T＝2.188，P＝0.029），虽然在听、说、读的能力方面不存在显著影响，但参加过培训的劳动力在国家通用语言文字能力各个方面的平均得分均大于未参与过培训的劳动力。

表 3-21 是否接受培训在兵团少数民族劳动力国家通用语言文字能力的差异性

变量	培训（N=652）	未培训（N=118）	T	P
听的能力	3.69±1.026	3.572±1.01	1.150	0.251
说的能力	3.681±1.033	3.553±1.009	1.240	0.215
读的能力	3.604±1.028	3.43±1.096	1.669	0.095
写的能力	3.654±1.021	3.43±1.029	2.188 *	0.029
应用能力	3.657±0.995	3.496±1.001	1.613	0.107

（2）培训途径。《兵团少数民族职工群众国家通用语言文字培训实施意见》指出，国家通用语言文字培训需采取全方位、多方式的培养措施，力争全面提高少数民族国家通用语言文字的听、说、读、写能力，提升文化素养。如表 3-22 所示，培训途径对兵团少数民族劳动力国家通用语言文字听的能力（F=10.900，P=0.000）、说的能力（F=10.363，P=0.000）、读的能力（F=14.461，P=0.000）、写的能力（F=9.517，P=0.000）具有显著影响。继而进行 LSD 事后比较可知，村镇学习的平均分最低，显著低于自学、公办培训班（免费）和入职前学习。今后举办培训可以更倾向于开展公办免费培训班，引导少数民族劳动力树立自学意识。

表 3-22 培训途径在兵团少数民族劳动力国家通用语言文字能力的差异性

培训途径	听的能力		说的能力		读的能力		写的能力	
	平均值	标准差	平均值	标准差	平均值	标准差	平均值	标准差
村镇学习	3.409	1.005	3.400	1.020	3.276	0.997	3.388	1.004
入职前学习	3.701	1.058	3.697	0.995	3.662	1.025	3.676	1.021
公办培训班（免费）	3.845	0.998	3.876	1.017	3.763	1.020	3.799	1.027
民办培训班（自费）	3.688	1.027	3.703	1.042	3.688	1.010	3.734	0.964
自学	4.005	0.958	3.972	0.976	3.957	0.942	3.942	0.958
总计	3.690	1.026	3.681	1.033	3.604	1.028	3.654	1.021
F	10.900***		10.363***		14.461***		9.517***	
LSD	1<2*，3*，5*		1<2*，3*，5*		1<2*，3*，5*		1<2*，3*，5*	

（3）培训时长。培训时长对兵团少数民族劳动力国家通用语言文字听的

能力（F=3.551，P=0.029）、说的能力（F=3.895，P=0.021）存在显著差异影响，随着培训时长的增加，劳动力听、说的能力得到不断提升。继而进行LSD事后比较可知，培训时长为1个月的劳动力在听、说的能力方面显著低于培训时长在3个月及以上的劳动力（表3-23）。

表3-23　培训时长在兵团少数民族劳动力国家通用语言文字能力的差异性

培训时长	听的能力		说的能力		读的能力		写的能力	
	平均值	标准差	平均值	标准差	平均值	标准差	平均值	标准差
1个月	3.549 4	1.175 0	3.521 8	1.159 7	3.500 0	1.161 0	3.530 5	1.185 7
2～3个月	3.568 8	0.986 4	3.581 3	1.002 2	3.459 4	1.008 2	3.537 5	1.008 0
3个月及以上	3.774 4	0.956 9	3.768 8	0.971 7	3.676 9	0.964 5	3.730 0	0.938 7
总计	3.689 8	1.026 3	3.680 6	1.032 7	3.603 5	1.027 8	3.653 8	1.020 7
F	3.551*		3.895*		2.692		2.905	
LSD	1<3*		1<3*					

（4）培训次数。培训次数是指少数民族劳动力能够接受“培训多少”的程度，采用单因素方差分析探讨培训次数对兵团少数民族劳动力国家通用语言文字能力是否存在差异。结果如表3-24所示，兵团少数民族劳动力国家通用语言文字能力在培训次数方面不存在显著差异，但据平均分结果可知，接受培训次数4次及以上的劳动力在国家通用语言文字能力得分上显著高于培训次数为1次、2次和3次的劳动力的平均分值。

表3-24　培训次数在兵团少数民族劳动力国家通用语言文字能力的差异性

培训次数	听的能力		说的能力		读的能力		写的能力	
	平均值	标准差	平均值	标准差	平均值	标准差	平均值	标准差
1次	3.605 6	1.218 2	3.608 7	1.207 0	3.580 7	1.214 4	3.594 7	1.220 9
2次	3.660 4	0.982 9	3.643 8	1.019 6	3.575 0	0.987 6	3.620 8	0.987 8
3次	3.538 7	0.894 1	3.503 5	0.886 9	3.429 6	0.919 2	3.573 9	0.898 8
4次及以上	3.782 5	0.953 6	3.775 8	0.961 6	3.668 3	0.955 3	3.717 5	0.941 0
总计	3.689 8	1.026 3	3.680 6	1.032 7	3.603 5	1.027 8	3.653 8	1.020 7
F	1.728		1.865		1.133		0.755	

（5）接受培训对个体专业技能培养及就业发展的帮助程度。用单因素方差分析探讨少数民族劳动力接受培训对个体专业技能培养及就业发展的帮助程度在其国家通用语言文字能力的4个维度是否具有显著性差异，结果如表3-25所示，认为接受培训对其专业技能培养及就业发展没有帮助的少数民族劳动力在听、说、读、写能力方面的平均值显著低于持“较大帮助”和“很大帮助”态度的少数民族劳动力。

表3-25 接受培训对个体专业技能培养及就业发展的帮助程度在少数民族劳动力国家通用语言文字能力的差异性

接受培训对个体专业技能培养及就业发展的帮助程度	听的能力		说的能力		读的能力		写的能力	
	平均值	标准差	平均值	标准差	平均值	标准差	平均值	标准差
没有帮助	3.204	1.212	3.211	1.208	3.204	1.203	3.222	1.211
很小帮助	3.220	1.045	3.267	1.091	3.138	1.142	3.276	1.097
一般帮助	3.314	0.962	3.265	0.950	3.261	0.991	3.316	0.970
较大帮助	3.602	0.889	3.597	0.930	3.547	0.935	3.525	0.938
很大帮助	3.943	0.954	3.930	0.952	3.806	0.975	3.854	0.958
总计	3.672	1.024	3.661	1.029	3.577	1.040	3.619	1.024
F	19.014***		18.450***		13.351***		13.264***	
LSD	1<4*，5*		1<4*，5*		1<4*，5*		1<4*，5*	

（6）对国家通用语言文字教育培训的认识态度。从兵团少数民族劳动力对国家通用语言文字教育培训所持观点角度探讨在其国家通用语言文字能力的差异性，结果如表3-26所示。持有“支持”态度的劳动力在听的能力（3.846）、说的能力（3.831）、读的能力（3.709）、写的能力（3.757）平均得分最高，持“一般”态度的平均得分次之，持“无所谓”态度的平均得分最低；少数民族劳动力对国家通用语言文字教育培训的认识态度对其听的能力（F=16.495，P=0.000）、说的能力（F=15.596，P=0.000）、读的能力（F=9.055，P=0.000）、写的能力（F=9.987，P=0.000）存在显著差异影响。继而进行LSD事后比较可知，持“无所谓”态度的少数民族劳动力在国家通用语言文字能力方面显著低于持“支持，应该多组织”态度的少数民族劳动力。

表 3-26　对国家通用语言文字教育培训的认识态度在少数民族劳动力国家通用语言文字能力的差异性

对国家通用语言文字教育培训所持的观点	听的能力		说的能力		读的能力		写的能力	
	平均值	标准差	平均值	标准差	平均值	标准差	平均值	标准差
无所谓	3.200	1.307	3.138	1.185	3.216	1.142	3.225	1.275
不支持，觉得没用	3.223	1.267	3.234	1.271	3.190	1.268	3.277	1.269
一般	3.348	0.948	3.350	0.977	3.345	0.965	3.364	0.959
支持，应该多组织	3.846	0.970	3.831	0.976	3.709	1.016	3.757	0.987
总计	3.672	1.024	3.661	1.030	3.577	1.040	3.620	1.025
F	16.495***		15.596***		9.055***		9.987***	
LSD	1<2，3，4*		1<2，3，4*		1<2，3，4*		1<2，3，4*	

3. 对国家通用语言文字教育培训的态度

（1）国家通用语言文字教育培训为就业信息获取提供便利程度。从表 3-27 来看，认为国家通用语言文字教育培训能够为就业信息的获取提供便利的少数民族劳动力在国家通用语言文字听、说、读、写能力上显著高于认为国家通用语言文字教育培训不能够为就业信息获取提供便利的劳动力。

表 3-27　国家通用语言文字教育培训为就业信息获取提供便利程度在少数民族劳动力国家通用语言文字能力的差异性

变量	提供便利（N=698）	未提供便利（N=72）	T	P
听的能力	3.738±1.001	3.031±1.032	5.687	0.000
说的能力	3.724±1.011	3.049±1.015	5.378	0.000
读的能力	3.631±1.028	3.056±1.018	4.562	0.000
写的能力	3.672±1.013	3.108±1.005	4.508	0.000
应用能力	3.691±0.98	3.061±0.984	5.196	0.000

（2）国家通用语言文字教育培训对个人劳动专业技能学习帮助程度。从表 3-28 来看，国家通用语言文字教育培训对个人劳动专业技能学习提供帮助程度对少数民族劳动力国家通用语言文字能力具有显著差异影响。认为国家通用语言文字教育培训对个人劳动专业技能学习帮助程度很大的少数民族劳动力在听的能力（F=166.659，P=0.000）、说的能力（F=149.897，

P=0.000)、读的能力（F=136.988，P=0.000）和写的能力（F=129.678，P=0.000）上显著高于认为国家通用语言文字教育培训对个人劳动专业技能学习帮助程度非常小的劳动力。继而进行LSD事后比较可知，认为国家通用语言文字教育培训对个人劳动专业技能学习帮助程度“非常小”的劳动力在国家通用语言文字听、说、读、写能力上显著低于持“比较小”“一般”“比较大”“非常大”态度的劳动力。

表3-28 国家通用语言文字教育培训对个人劳动专业技能学习帮助程度在少数民族劳动力国家通用语言文字能力的差异性

国家通用语言文字教育培训对个人劳动专业技能学习帮助程度	听的能力		说的能力		读的能力		写的能力	
	平均值	标准差	平均值	标准差	平均值	标准差	平均值	标准差
非常小	1.960	1.378	2.110	1.477	1.990	1.494	2.140	1.566
比较小	2.599	0.949	2.678	0.962	2.632	0.996	2.605	0.974
一般	3.098	0.571	3.081	0.583	3.036	0.591	3.080	0.590
比较大	3.747	0.762	3.701	0.778	3.564	0.809	3.660	0.792
非常大	4.489	0.780	4.483	0.804	4.398	0.832	4.399	0.829
总计	3.672	1.024	3.661	1.029	3.577	1.040	3.619	1.024
F	166.659***		149.897***		136.988***		129.678***	
LSD	1<2*，3*，4*，5*		1<2*，3*，4*，5*		1<2*，3*，4*，5*		1<2*，3*，4*，5*	

（3）国家通用语言文字教育培训对个人提升收入的帮助程度。从表3-29来看，国家通用语言文字教育培训对个人提升收入的帮助程度，对少数民族劳动力国家通用语言文字能力有一定影响。国家通用语言文字教育培训对个人提升收入的帮助程度，对少数民族劳动力听的能力（F=119.797，P=0.000）、说的能力（F=109.267，P=0.000）、读的能力（F=81.560，P=0.000）、写的能力（F=83.767，P=0.000）能力具有显著差异影响。继而进行LSD事后比较可知，认为国家通用语言文字教育培训对个人提升收入的帮助程度“非常大”的劳动力在国家通用语言文字能力各个方面显著高于持“比较大”“一般”“比较小”“非常小”态度的劳动力。

表 3-29　国家通用语言文字教育培训对个人提升收入的帮助程度在少数民族劳动力国家通用语言文字能力的差异性

国家通用语言文字教育培训对个人提升收入的帮助程度	听的能力		说的能力		读的能力		写的能力	
	平均值	标准差	平均值	标准差	平均值	标准差	平均值	标准差
无帮助	2.172	1.688	2.078	1.653	2.109	1.633	2.125	1.651
非常小	2.007	0.857	2.132	0.920	2.217	1.000	2.230	0.999
比较小	3.092	0.710	3.097	0.751	3.039	0.774	3.111	0.776
一般	3.287	0.624	3.271	0.645	3.215	0.633	3.270	0.635
比较大	3.991	0.783	3.953	0.826	3.832	0.900	3.861	0.894
非常大	4.468	0.799	4.463	0.786	4.332	0.895	4.369	0.837
总计	3.672	1.024	3.661	1.029	3.577	1.040	3.619	1.024
F	119.797***		109.267***		81.560***		83.767***	
LSD	2<3*，4*，5*，6*		1<3*，4*，5*，6*		1<3*，4*，5*，6*		1<3*，4*，5*，6*	

第四章 国家通用语言文字教育对兵团少数民族劳动力就业及收入的影响机制

第一节 国家通用语言文字教育对兵团少数民族劳动力就业的影响研究

一、理论分析与研究假设

（一）国家通用语言文字教育对劳动力人力资本和综合素质提升的理论依据

习近平总书记指出："少数民族学好国家通用语言，对就业、接受现代科学文化知识、融入社会都有利。"国家通用语言文字的推广普及对铸牢中华民族共同体意识、维护国家统一和民族团结、维护国家主权和民族尊严等都具有非常重要的意义。倪海曙[①]在20世纪80年代末期就针对性地指出推广普通话的重要性。他认为推广普通话既是在全国范围内建立精神交通运输网的先决条件，也是社会主义现代化建设的先决条件，是中华民族教育普及、文化提高的重要标志，是改进语文教学的必要措施。韩佳蔚[②]立足于新时期的时代背景，归纳了"推普"具有进一步充分实现普通话作为全国通用语言的交际功能，有效地促进国家政治、经济、文化以及对外交流的全面发展，推动我国社会的发展和中华民族的伟大复兴等意义。早在20世纪末期，我国一些学者就认识到国家通用语言文字教育对我国劳动力的重要作用。

于劳动力人力资本而言，普及国家通用语言文字教育对劳动力自身人力资本和综合素质的提升有着重要作用。从已有文献来看，我国学者认为国家

---

① 倪海曙．建立全国性的精神交通运输网的重要性和紧迫性——20年内要完成推广普通话［J］．语文建设，1988（6）：26-29.

② 韩佳蔚．试论新时期"推普"与普通话教育的重大意义［J］．文教资料，2014（23）：53-54.

通用语言文字的普及能够为少数民族劳动力带来人力资本以及综合素质方面的提升。少数民族劳动力由于多方面原因，在教育资源以及教育机会上存在短板，国家通用语言文字的学习及使用能够促进少数民族劳动力获得更全面、更多样的生产生活所必需的文化知识及劳动技能。石琳①认为国家通用语言文字普及与文化扶贫能加速国家通用语言文字在民族地区的推广，有助于本地人与外来人员交流，有益于发展民族地区的旅游业、公共医疗事业以及其他产业。少数民族通过国家通用语言文字与外来人员交流，获得更好的生产知识、劳动与管理技能。李瑞华②从经济学、文化学、社会学视角进行分析，认为国家通用语言文字教育的经济价值主要体现为国家通用语言文字作为一种人力资本，其使用降低了交易成本，有利于形成市场规模效应，从而提高贫困群体的收入水平。国家通用语言文字本身作为一种人力资本的同时，也能够提升劳动力自身的人力资本。

方晓华③认为国家通用语言文字的普及能够提高民族教育质量、培养面向未来的少数民族人才，有利于少数民族个人的成长和发展。国家通用语言文字普及政策在有形中提高了少数民族的文化素质、经营管理素质、科技素质、法律素质、思想道德素质、现代意识素质等综合素质。黄海英④通过对新疆地区四地州的研究发现，导致南疆四地州贫困现状的一个重要因素是当地的人民没有完全掌握国家通用语言文字，语言的障碍导致劳动力流动的阻碍、工作机会的缺乏、竞争能力的低下、获取知识信息能力的薄弱、观念的落后、自信心的缺乏、对高新技术掌握程度的落后以及自我提升空间的狭隘等，这直接从精神和物质层面阻碍了少数民族劳动力自身综合素质的提高，包括获取科技素质、精神素质等。从上述学者的研究中可以看到，普及国家通用语言文字对劳动力自身综合素质提高具有重要作用。

---

① 石琳．精准扶贫视角下少数民族地区国家通用语言文字普及深化的策略［J］．社会科学家，2018（4）：150－156.

② 李瑞华．精准扶贫背景下民族贫困地区国家通用语言的教育价值探析——基于对青海省贫困藏区语言使用情况的调查［J］．民族教育研究，2019，30（6）：58－63.

③ 方晓华．少数民族学习和使用国家通用语言文字的必要性与紧迫性［J］．双语教育研究，2017，4（4）：1－10，93.

④ 黄海英．新疆全面推行国家通用语言文字与语言扶贫的关系研究［J］．边疆经济与文化，2019（2）：88－90.

有研究发现，国家通用语言文字本身是一种人力资本，通过国家通用语言文字教育，劳动力可获得精神资源、物质资源等，进而对劳动力人力资本和综合素质产生影响。黄少安等[①]通过实证研究发现，对于本地劳动者而言，国家通用语言的使用有利于劳动者自身职业技能和素养的提高，增加劳动者造血功能，进而促进劳动者收入水平的提升，且民族特色的精神产品和物质产品能够改善民族地区的经济状况。国家通用语言文字教育使劳动力将精神获得转化为精神产品，从而促进当地经济发展，使劳动力获得更多机会提高自身人力资本和综合素质。

（二）国家通用语言文字能力对少数民族劳动力就业行为影响的理论分析与研究假设

随着经济的发展和工业化进程的推进，劳动力市场分工程度不断细化，地域流动和技能分层在各区域的劳动者之间开始出现。其中，国家通用语言文字能力在诸多技能分化形式中扮演重要角色。国家通用语言文字能力强的劳动力能够更有效地获取劳动力市场信息，减少工作搜寻的成本和由于语言沟通不畅而造成的摩擦，促进劳动力要素在各区域和各行业间的流动，以获得发展前景更好、薪资福利待遇更优的工作，同时良好的沟通效率还能够提高劳动生产率，为企业创造经济价值，促进劳动力自身就业和收入增长。

就业为民生之本。提高劳动力就业能力是解决“返贫”问题的关键，也是保障民族地区社会稳定的根本。新疆地区地处西北，独特的地理位置培育出像石榴籽一样的民族团结之情，在不断发展的经济背景下，少数民族劳动力的就业能力问题成为新疆地区增收致富的重要难题。新疆地区从教育出发，积极建立普通话培训点，对少数民族劳动力进行普通话教育，提高其普通话水平，提升其就业能力，促进地区经济发展。2018 年新疆义务教育阶段 294.19 万名学生全面实现国家通用语言文字教育 100％全覆盖[②]。在此基础上如何进一步促进新疆少数民族劳动力就业和收入增长，提升其就业质

---

① 黄少安，王麓淙．民族地区语言扶贫的经济理论基础和实证分析［J］．语言文字应用，2020（4）：26－36.

② 中国日报网．新疆今年实现国家通用语言文字教育全覆盖［EB/OL］．（2018－06－29）［2023－05－20］．https：//baijiahao.baidu.com/s?id＝1604682874188310509&wfr＝spider&for＝pc 2018.06.29

量、实现劳动力的增收创收成为亟待解决的问题。

已有研究发现，我国大量的流动人口依旧存在不会或者不使用普通话的现象，只有在原生语言不能满足其就业时才会使用普通话，表明单纯的人口流动对普通话的普及作用不显著，只有经过工作的吸引才会发挥作用①。对于少数民族劳动力来说，其对国家通用语言掌握程度的欠缺形成语言障碍，并影响其就业转移和城镇化进程，加重劳动力市场分割程度②。为此，在西部地区应加强国家通用语言文字培训，这不仅是西部地区经济社会发展的刚需，更是铸牢中华民族共同体意识的核心③。国家通用语言文字推广普及工作的落实关系到少数民族公民权利保障、民族地区经济发展、统一多民族国家建设的国之大计④。

语言是人类沟通最重要的方式，是人类交流思想的重要媒介。理论上，语言代表某一特定群体具有族群归属性，并影响各成员间的社会活动，具有文化属性⑤。同时，基本语言能力是最通用的人力资本，而国家通用语言是更具价值的人力资本⑥。在语言经济学视角下，语言本身的文化属性及人力资本属性是研究其经济价值的关键，也是研究其与就业及收入关系的理论基础。因此，本书将更具价值的人力资本，即国家通用语言文字能力与兵团少数民族劳动力的就业行为以及收入增长纳入逻辑框架进行分析，揭示其内部的逻辑关系。

（三）国家通用语言文字能力与就业行为的关系

国家通用语言文字能力是各国基础教育阶段非常重视的环节，其不仅

① 付义荣．也谈人口流动与普通话普及——以安徽无为县傅村进城农民工为例［J］．语言文字应用，2010（2）：73－81.

② 吕君奎．通用语言、小语种语言与少数民族就业问题研究［J］．新疆大学学报（哲学·人文社会科学版），2013，41（1）：67－70.

③ 郎玉鸽．新时代加强西部地区国家通用语言文字培训路径探析［J］．北方民族大学学报，2020（6）：20－26.

④ 常安．论国家通用语言文字在民族地区的推广和普及——从权利保障到国家建设［J］．西南民族大学学报（人文社会科学版），2021，42（1）：1－10.

⑤ 金江，尹菲菲，张莉．方言能力与流动人口的借贷机会——基于 CLDS 的经验研究［J］．南方经济，2017（9）：85－102.

⑥ 黄少安，王麓淙．民族地区语言扶贫的经济理论基础和实证分析［J］．语言文字应用，2020（4）：26－36.

承载着国家的历史与传统，也是国家得以不断发展的根基。在经济社会不断发展的背景下，语言文字能力对个人的经济价值在不断提高，尤其是对处于就业市场前沿的大学生而言，其语言文字能力的高低更是影响其就业发展。有学者对国家通用语言文字能力的长效作用进行深入研究，探究其影响因素并提出可行策略①。有学者研究发现，语言能力中的普通话能力对就业薪酬有显著的正向影响且影响力超过英语能力，但在高工资群体中英语能力对薪资的作用更加明显，且语言能力对工资溢价影响具有可持续性效果②。不仅如此，随着科技进步、城市化进程加快，合理转移及安置农村富余劳动力成为经济不竭发展的又一阻力。基于 CFPS 2016 年调查数据研究发现，农村劳动力普通话水平对其非农就业有着显著的影响，语言扶贫能进一步推动农村劳动力实现生产转移，同时实现缩小差距的目的③。而对于民族地区而言，普通话水平对于劳动力非农就业影响最大，随着人口密度的增加其正向影响愈加明显④。综上，提出如下假设：

H_1：普通话能力对兵团少数民族劳动力参与非农就业有显著的正向影响。

H_2：普通话能力对兵团少数民族劳动力就业质量有显著的正向影响。

(四) 国家通用语言文字能力在人力资本对就业行为的影响作用

对个体而言，语言文字能力是更具经济价值的人力资本。研究发现，人力资本积累决定劳动生产率的上限，并对劳动力收入产生影响，尤其是民族地区人力资本积累与外出就业能显著提高农村居民收入⑤。基于此，有学者分别对外语、普通话及方言进行实证分析，探究语言能力的溢价效应⑥。而

① 王豪杰．大学生就业中汉语言能力的长效作用分析［J］．语文建设，2014（29）：79.

② 潘昆峰，崔盛．语言能力与大学毕业生的工资溢价［J］．北京大学教育评论，2016，14（2）：99-112，190.

③ 何洋．普通话水平与农村劳动力非农就业——基于 CFPS2016 年的实证分析［J］．西安财经大学学报，2020，33（5）：106-113.

④ 丁赛，阎竣．国家通用语言能力对民族地区农村劳动力非农就业的影响研究［J］．民族研究，2021（1）：52-65，140.

⑤ 王国洪．人力资本积累、外出就业对民族地区农村居民收入的影响——基于 2013—2015 年民族地区大调查数据的实证研究［J］．民族研究，2018（3）：27-41，123-124.

⑥ 雷昊，王善高，姜海．语言能力对劳动者收入的影响效应研究——基于外语、普通话和方言的实证分析［J］．西北人口，2020，41（6）：15-24.

对于民族地区劳动力来说，语言教育环境的窘迫、教育资源配置的落后，其本质是贫困所致，因此在语言经济学视角下，语言能力的脱贫攻坚作用不容小觑。语言扶贫是通过提升贫困人口语言能力增强其脱贫能力的过程，对解决精准扶贫“最后一公里”难题具有重要意义。普通话能力的提升可以增加贫困人口收入，增强其人力资本及社会资本积累，帮助其实现脱贫①。对于民族地区而言，少数民族劳动力普通话水平的提升可以增加其收入，最大化普通话能力的经济效益，并且有利于社会稳定与国家安全②。不仅如此，普通话能力的提升促进了人力资本的偏向性技术进步，为解释我国城乡收入差距提供新的证据③。综上所述，本节使用调节效应来假设普通话能力为技能偏向性人力资本，实证检验其在其他人力资本对劳动力就业行为的影响方面是否产生调节作用，并运用是否接受普通话教育作为教育资本的衡量指标进行检验。基于此，提出如下假设：

H_3：兵团少数民族劳动力普通话能力越强，教育资本对其就业行为的正向影响越强。

二、研究设计

（一）数据来源

本节使用的数据来源于兵团社会科学基金项目“国家通用语言文字普及教育对兵团少数民族劳动力就业及收入的影响效应研究”（项目编号：20ZD02）。2021 年 3—6 月，课题组在兵团第三师 44 团、51 团、53 团、红旗农场、东风农场等南北疆师市团场，采用重点调查、问卷调查与实地访谈等方式，就兵团少数民族劳动力国家通用语言文字能力对其就业及收入的影响展开研究。

问卷调查设计以国家通用语言文字教育与就业、收入的关系为主线，主

① 马静，刘金林．少数民族地区推普助力脱贫攻坚的内在机理及实证分析：基于人力资本视角——语言与国家治理系列研究之一［J］．民族教育研究，2020，31（5）：57－69.

② 李瑞华．精准扶贫背景下民族贫困地区国家通用语言的教育价值探析——基于对青海省贫困藏区语言使用情况的调查［J］．民族教育研究，2019，30（6）：58－63.

③ 张书赫，王成军，沈政．非农就业行为中普通话的提质效果及机制研究——基于 CLDS 微观数据的实证分析［J］．教育与经济，2020，36（6）：40－50.

要分为个人基本信息、国家通用语言文字掌握程度、国家通用语言文字能力与培训情况、就业与收入情况4个部分。本次调研分两个方面对被试者国家通用语言文字能力进行测量：一是被试者自评国家通用语言文字掌握程度，并在1～5分范围内根据自身掌握程度进行打分；二是从听、说、读、写4维度对国家通用语言文字掌握程度进行测量，其中每一维度分别从社会交往、经济生活、专业与工作等方面让被试者针对自身语言文字水平在1～5分范围内进行打分，每一维度分为4个小题，满分为20分。基于研究目的，本节研究对象为兵团少数民族劳动力，剔除16岁以下及65岁以上不符合劳动年龄的样本，同时剔除核心变量缺失及异常的样本，最终有效样本量为756个。

（二）变量选取及描述性统计

1. 被解释变量

被解释变量包括是否非农就业、工资水平、就业稳定性和就业产业。是否非农就业和就业稳定性为二分类变量，是否非农定义为当今或退休前职业行业的第一、二、三产业划分，就业稳定性用是否更换过工作来衡量；工资水平用月收入来衡量；就业产业为多值型变量，用从事最长时间职业划分产业所得来测量，第一产业相关职业赋值为1，第二产业相关职业赋值为2，第三产业相关职业赋值为3。

2. 核心解释变量

普通话能力，在1～5分范围内打分，分值越大代表对普通话掌握熟练程度越高。听、说、读、写的能力，在1～5分范围内打分，分值越大代表对普通话4个维度的能力掌握熟练程度越高。

3. 控制变量

根据相关研究及数据采集工作，特选三类控制变量：一是个体特征变量，包括年龄、性别、民族、户口类型、文化程度、职业类型、工作所在地、婚姻状况；二是家庭特征变量，主要为家中子女的数量；三是教育特征变量，主要为是否接受过国家通用语言文字教育培训。表4-1呈现所有变量的含义及描述性统计结果。

表 4-1　各变量名称、含义及其描述性统计

变量名称	Name	含　义	均值	标准差
是否非农就业	FN	1=是，0=否	0.188	0.391
工资水平	income	个人月收入（元）	2 820.915	1 136.879
就业稳定性	change	是否更换过工作：1=是，0=否	0.489	0.500
就业产业	sanchan	就业行业划分：1=第一产业，2=第二产业，3=第三产业	2.554	0.800
听力水平	L	取值范围 1～5，分值越高，听力水平越强	3.678	1.019
口语水平	S	取值范围 1～5，分值越高，口语水平越强	2.936	0.817
阅读水平	R	取值范围 1～5，分值越高，阅读水平越强	3.584	1.034
写作水平	W	取值范围 1～5，分值越高，写作水平越强	3.612	1.017
普通话能力	Luse	取值范围 1～5，分值越高，语言掌握程度越好	3.452	0.940
年龄	age	年龄（岁）	29.028	12.635
性别	sex	1=女性，0=男性	0.576	0.494
户口类型	residen	城镇=1，农村=0	3.452	0.892
文化程度	education	小学及以下=1，初中=2，高中=3，中专=4，大专=5，本科及以上=6	4.119	1.471
职业类型	job	服务业人员=1，军人及公检法人员=2，个体经营者=3，卫生部门人员=4，交通运输业人员=5，商业人员=6，企业人员=7，行政机关人员=8，教育部门人员=9，建筑业人员=10，金融业人员=11，林牧渔业人员=12，科学文化艺术人员=13，邮电通信业人员=14，其他职业人员=15，务农人员=16	11.437	4.960
工作所在地	JYD	本地就业=1，疆内就业=2，疆外就业=3	1.725	0.679
民族	nation	维吾尔族=1，哈萨克族=2，回族=3，锡伯族=4，蒙古族=5，俄罗斯族=6，其他少数民族=7，土家族=8，柯尔克孜族=9，塔吉克族=10，东乡族=11	1.639	1.794
子女个数	child	子女个数（人）	1.176	1.196
是否接受过国家通用语言文字教育培训	SFed	是=1，否=0	0.790	0.408
婚姻状况	married	1=已婚，2=未婚，3=离异，4=丧偶	1.739	0.541

（三）实证分析框架

1. 普通话能力及各维度能力对是否非农就业、就业稳定性和就业产业的边际影响

是否非农就业、就业稳定性为二分类变量，故构建二元 probit 模型；而就业产业为多值型选择变量，故构建 multinomial probit 模型。基本模型如下所示：

$$Probit(FN_i)=\alpha_1+\beta_1 Luse_i+\gamma X+\varepsilon_i \quad （公式 4-1）$$

$$Probit(change_i)=\alpha_2+\beta_2 Luse_i+\gamma X+\varepsilon_i \quad （公式 4-2）$$

$$Mprobit(sanchan_{ij})=\alpha_3+\beta_3 Luse_i+\gamma X+\varepsilon_{ij} \quad （公式 4-3）$$

其中：FN_i表示是否从事非农就业，$change_i$表示就业稳定性，$sanchan_{ij}$表示就业产业；$Luse_i$表示普通话能力，既可代表用 1～5 分来测量的普通话掌握熟练程度的连续变量，也可代表对普通话听、说、读、写 4 个维度的能力掌握熟练程度的变量；X 为控制变量，β_1、β_2、β_3和 y 为系数估计值向量，ε_i、ε_{ij}为随机误差项。

模型中可能存在普通话与就业行为间的逆向因果关系、遗漏变量偏误、样本选择及测量误差所导致的内生性问题。因此，进一步采用 IVprobit 法进行估计，并利用 2SLS 法做稳健性检验，以解决模型存在的内生性问题所带来的估计偏误。在工具变量的选取上，选取“在家主要使用的语言”作为普通话掌握熟练程度及其 4 个维度的工具变量。选取此变量的理由为：在家庭中劳动力处于休闲状态，使用何种语言是其在个人习惯中对该语言应用的频率，通过此反映其对语言的掌握熟练程度与应用能力，如果少数民族劳动力在家使用普通话，可反映出其对普通话掌握熟练程度较高；且在家使用何种语言与就业行为之间并没有关联，满足工具变量的相关性与外生性要求。

构建 IVprobit 模型时，首先要使用 OLS 方法，将内生性解释变量普通话能力对工具变量和控制变量进行回归，得到普通话能力潜变量的拟合值；然后将因变量对普通话能力潜变量的拟合值、残差和控制变量做 probit 回归，依次得到如下模型。构建 2SLS 模型时，第一步与构建 IVprobit 模型时的步骤相同，第二步将因变量对普通话能力潜变量的拟合值、残差和控制变量做 OLS 回归。

$$Luse_i = \alpha_5 + \beta Z + \gamma X + \varepsilon_i \qquad \text{(公式 4-4)}$$

$$L\widehat{u}se_i = \widehat{\alpha_5} + \overline{\beta} Z + \overline{\gamma} X + \varepsilon_i \qquad \text{(公式 4-5)}$$

$$Probit(FN_i) = \alpha_6 + \beta_5 L\widehat{u}se_i + \gamma X + \varepsilon_i \qquad \text{(公式 4-6)}$$

$$Probit(change_i) = \alpha_7 + \beta_6 L\widehat{u}se_i + \gamma X + \varepsilon_i \qquad \text{(公式 4-7)}$$

$$Probit(sanchan_i) = \alpha_8 + \beta_7 L\widehat{u}se_i + \gamma X + \varepsilon_i \qquad \text{(公式 4-8)}$$

其中：FN_i 表示是否从事非农就业，$change_i$ 表示就业稳定性，$sanchan_i$ 表示就业产业，$Luse_i$ 表示普通话能力，$L\widehat{u}se_i$ 是普通话能力潜变量的拟合值，Z 代表工具变量，X 为控制变量，$\widehat{\alpha}_5$、$\overline{\beta}$ 和 $\overline{\gamma}$ 均为参数的估计值，β_5、β_6、β_7、β 和 γ 均为系数估计值向量，ε_i 为随机误差项。

2. 普通话能力对工资水平的边际影响

由于工资水平为连续变量，所以选择使用 OLS 方法进行分析，其基本模型如下所示：

$$LNincome_i = \alpha_4 + \beta_8 Luse_i + \gamma X + \varepsilon_i \qquad \text{(公式 4-9)}$$

其中：$LNincome_i$ 代表月收入的对数，β_8 为系数估计值向量，其余涉及变量含义与前文一致。同样地，继续使用 2SLS 法解决模型中可能存在的内生性问题所导致的估计偏误。

对于样本选择导致的内生性问题，使用工具变量法与 Heckman 两阶段模型均有效，但相比之下，Heckman 模型更具有针对性。因此在处理模型（公式 4-9）内生性问题时运用 Heckman 模型。Heckman 两阶段模型法是将兵团少数民族劳动力是否参与非农就业及其工资水平分为两个连续的过程，第一步先将是否非农就业对普通话能力、控制变量做 probit 回归，计算出非农就业样本的逆米尔斯比（IMR），第二步将工资水平对普通话能力、控制变量及第一阶段回归中得出的 IMR 做 OLS 回归，方程表达式如下所示：

$$Probit(FN_i) = \alpha_{10} + \beta_9 Luse_i + \gamma X + \varepsilon_i \qquad \text{(公式 4-10)}$$

$$LNincome_i = \alpha_{11} + \beta_{10} Luse_i + \beta_{11} IMR_i + \varepsilon_i \qquad \text{(公式 4-11)}$$

其中：IMR_i 为逆米尔斯比，β_9、β_{10}、β_{11} 均为系数估计值向量，其余涉及变量含义与前文一致。

3. 调节效应检验

借鉴学者研究范式，分析普通话能力与教育资本对少数民族劳动力就业行为的交互作用。由表 4-1 可知，普通话能力虽为多分类变量，但取值间隔为 1，其数值越大表示个体普通话掌握熟练程度越高，因此可将其作为连续变量处理，对调节变量和自变量进行中心化后，进行层次回归分析，Heckman 两阶段方程如下：

$$Y=\alpha_{12}+\beta_{12}SFed_i+\beta_{13}Luse_i+\varepsilon_i \quad （公式 4-12）$$

$$Y=\alpha_{13}+\beta_{14}SFed_i+\beta_{15}Luse_i+(\beta_{16}SFed_i\times Luse_i)+\varepsilon_i \quad （公式 4-13）$$

其中：$SFed_i$ 代表教育资本，$Luse_i$ 为调节变量，β_{12}、β_{13}、β_{14}、β_{15}、β_{16} 为待估计的中心化系数。若 R^2 或交互项 $M_i\times SFed_i$ 的回归系数显著，则说明调节效应显著。

三、估计结果与分析

（一）基准回归估计结果

基准回归估计结果如表 4-2 所示。回归前的共线性诊断显示，VIF 均小于 10，表明自变量间不存在多重共线性问题。表 4-2 中“(1)”列显示了普通话能力对少数民族劳动力是否非农就业的回归结果，结果显示普通话能力在估计系数为 10%的显著性水平范围内并不显著，说明在对个人特征、家庭特征等控制变量进行固定效应后，兵团少数民族劳动力普通话能力对是否非农就业的影响不显著。其原因可能是调查数据有所局限，在对劳动力进行调查时由于普通话能力及其理解程度的不同，调查结果存在主观性偏差。“(3)”列、“(5)”列和“(7)”“(8)”列分别显示了普通话能力对工资水平、就业稳定性和就业产业的估计系数。“(3)”列表示在 1%的显著性水平上，普通话能力对少数民族劳动力工资水平有显著正向影响，表明兵团少数民族劳动力拥有较高的普通话能力可提升其工资水平。但在“(5)”列和“(7)”“(8)”列则显示普通话能力对就业稳定性与就业产业影响不显著，这表明少数民族劳动力普通话能力对其改变工作次数影响不明显，同时相对于第一产业，普通话能力对其第二、三产业就业也无明显影响，其原因可能是样本量的缺少及调查语言沟通困难。在此验证前文假设 H_1 和 H_2 均不成立。

表 4-2　普通话能力及其各维度对兵团少数民族劳动力就业行为影响的估计结果

项目	是否非农就业		工资水平		就业稳定性		就业产业			
	(1)	(2)	(3)	(4)	(5)	(6)	(7)	(8)	(9)	(10)
普通话能力	−0.111		0.059***		0.012		0.281	0.156		
	(0.077)		(0.013)		(0.051)		(0.210)	(0.115)		
听的能力		0.113		0.067*		−0.118			0.877*	0.201
		(0.190)		(0.034)		(0.134)			(0.523)	(0.279)
说的能力		0.021		−0.020		−0.269			−1.277	−0.129
		(0.285)		(0.053)		(0.210)			(0.848)	(0.441)
读的能力		−0.226		−0.046		0.431***			0.322	0.331
		(0.212)		(0.039)		(0.156)			(0.659)	(0.323)
写的能力		−0.005		0.053		−0.094			0.117	−0.284
		(0.213)		(0.036)		(0.145)			(0.601)	(0.326)
控制变量	已控	已控	已控	已控	已控	已控	已控	已控	已控	已控
常数项	−3.898***	−4.133	8.021***	7.994***	0.141	0.331	−1.921	3.016***	−1.487	3.169***
	(0.754)	(0.793)	(0.105)	(0.106)	(0.413)	(0.421)	(1.869)	(1.000)	(2.433)	(1.021)
可决系数	0.384	0.386	0.117	0.119	0.014	0.023	0.148		0.153	

注：① *** 、** 和 * 分别表示在 1%、5%和 10%的水平上显著，括号内结果为标准误。

② “(1)”“(2)”“(5)”“(6)”列使用二元 probit 回归，“(3)”“(4)”列使用 OLS 回归，“(7)”“(8)”“(9)”“(10)”列使用 logit 回归且以第一产业为基准进行计算。

③可决系数一行中，OLS 回归汇报的是 R^2，probit 回归与 mlogit 回归汇报的是 Pseudo R^2。

“(2)”列、“(4)”列、“(6)”列和“(9)”“(10)”列报告了普通话能力中的 4 个维度，即听、说、读、写能力的回归结果。“(2)”列显示出普通话 4 个维度的能力并不能对新疆少数民族劳动力是否非农就业产生显著影响，结合普通话能力分析发现，普通话能力对新疆少数民族劳动力是否非农就业影响不显著。其原因可能在于调查本身，也可能在于对新疆少数民族劳动力是否非农就业的影响因素除语言文字能力外，还涉及农业科技的发展推动第一产业劳动力大量迁徙，富余劳动力被动转向第二、三产业，还有可能在于政府及地区相关产业的支持与升级使得第一产业劳动力主动进行产业转移和就业地转移。众多影响因素的共同参与使得普通话能力在本节研究中并不突出。“(4)”列报告了普通话能力的4个维度对工资水平的影响，发现听的能力在10%的显著性水平上正向影响着兵团少数民族劳动力，说明在工作中听懂就业要求相较于其他普通话能力来说对工资的影响较大，听为其他能力的前提。“(6)”列报告了4个维度的能力对就业稳定性的影响，其中读的能力在1%的显著性水平上显著，说明少数民族劳动力读的能力能显著影响其就业稳定性，原因可能是阅读能力对其建立相对稳定的就业环境有突出贡献。“(9)”“(10)”列报告了相对于第一产业，4个维度的能力对第二、三产业就业的影响。“(9)”列表明相对于第一产业，听的能力对第二产业在10%的显著性水平上有显著影响；而“(10)”列表明相对于第一产业，少数民族普通话能力的4个维度对第三产业就业并无显著性影响。

（二）内生性处理结果

使用2SLS、IVprobit、mlogit和Heckman两阶段法对内生性进行处理，结果如表4-3所示。“(1)”“(5)”列的Wald内生性检验结果表明，包含普通话变量的模型均存在严重的内生性问题，因此有必要使用工具变量法。“(2)”“(4)”“(6)”“(9)”列2SLS检验F值均大于10，表明并不存在弱工具变量问题，且本节选取在家使用语言为工具变量，工具变量选取数量等于内生解释变量数量，因此运用恰好识别。“(1)”“(2)”列结果显示，在IVprobit和2SLS两种方法下，普通话能力对少数民族是否非农就业的影响并不显著，且与表4-2“(1)”列相比，表4-3“(1)”列估计结果中普通话能力的平均边际效应值更大，这表明内生性问题会影响普通话能力对是否非农就业的影响。“(3)”列估计结果显示，普通话能力对工资水平在1%的水平上有显著正向影响，且相较于基准回归来说，加入工具变量后其影响程度提高。“(5)”“(6)”“(7)”“(8)”“(9)”列表明在2SLS、IVprobit、mlogit模型检验下普通话能力的内生性问题并不能显著改变普通话能力对就业稳定性与就业产业间的影响大小。

表 4-3　2SLS、IVprobit、mlogit 及 Heckman 两阶段模型回归结果

变量	是否非农就业		工资水平		就业稳定性		就业产业		
	IVprobit	2SLS	Heckman	2SLS	IVprobit	2SLS	mlogit		2SLS
	(1)	(2)	(3)	(4)	(5)	(6)	(7)	(8)	(9)
普通话能力	0.188	−0.007	0.090***	0.076	−0.006	−0.004	0.281	0.156	0.057
	(0.326)	(0.063)	(0.017)	(0.062)	(0.235)	(0.093)	(0.210)	(0.115)	(0.136)
控制变量	已控制	已控制	已控制	已控制	已控制	已控制	已控制		已控制
常数项	−4.961***	−0.001	9.617***	7.956	0.209	0.588	−1.921	3.016***	2.673***
	(1.206)	(0.260)	(0.548)	(0.268)	(0.980)	(0.386)	(1.869)	(1.000)	(0.577)
Wald 值	0.000				0.000				
F		12.310		12.310		12.310			12.310
P	0.000	0.000	0.000	0.000	0.174	0.000	0.000		0.000

注：***、**和*分别表示在1%、5%和10%的水平上显著，括号内结果为标准误。

（三）普通话能力影响就业行业及就业地的分析

下面考察在不同行业和就业地情况下，普通话能力是否还呈现出显著的正向影响。首先，将就业行业分为 16 个行业，探测新疆少数民族劳动力普通话能力对其就业行业的影响。如表 4-4 所示，普通话能力对少数民族劳动力不同就业行业的影响不同。在企业就业的少数民族劳动力普通话能力在5%的显著性水平上呈正向影响，说明企业就业需要少数民族劳动力有较高的普通话水平，以保证企业良好运行。在行政机关就业的少数民族劳动力普通话能力在5%的水平上呈正向显著，说明在民族团结与稳定发展的道路上，少数民族公职人员在对本民族语言熟练运用的前提下应不断提高自身的普通话水平，以达到全面发展新疆的目标。在教育部门就业的少数民族劳动力普通话能力在10%的水平上呈正向显著，说明教育部门为培育新一代劳动力主力军的主战场，其发展目标代表地区教育发展的价值观念及政治偏向，教育部门就业的少数民族劳动力普通话能力对其理解国家教育目标、开展地区教育工作、上传下达国家政策起到重要作用。在这 3 个行业中普通话能力对其就业行业的选择起到了显著的正向影响。其次，对于就业地而言，普通话能力对少数民族劳动力选择疆外就业产生影响。如表 4-4 所示，普通话能力对少数民族劳动力选择疆外西部地区就业在10%的显著性水平上

呈正向显著，说明较高的普通话能力有助于少数民族劳动力进行就业地迁徙，进而促进地区间的人才流动，加速经济发展。而对于少数民族劳动力来说，地区间的方言也会影响就业地的选择。疆外中部地区由于历史上人口迁徙，导致人口较为混杂、方言较复杂多样，对于少数民族劳动力来说理解语义的影响较大，因此少数民族劳动力普通话能力越高，其选择疆外中部地区就业的可能性越小。

表 4-4　普通话能力对不同就业行业及就业地影响的估计结果

变量	就业行业			就业地（疆外就业）	
	企业	行政机关	教育部门	西部地区	中部地区
普通话能力	0.652**	0.897**	0.585*	0.522*	−0.585*
	(0.258)	(0.366)	(0.300)	(0.316)	(0.316)
控制变量	已控制	已控制	已控制	已控制	已控制
常数项	−1.950	−9.578*	−8.064***	−9.043***	−2.724
	(1.921)	(2.825)	(2.536)	(3.428)	(2.800)
LR 检验值		423.610		124.500	
P		0.000		0.000	

注：***、** 和 * 分别表示在 1%、5%和 10%的水平上显著，括号内结果为标准误。

（四）普通话能力各维度影响就业行业的分析

在对就业行业选择的基础上，分析普通话能力的 4 个维度对就业行业选择的影响。如表 4-5 所示，听的能力对少数民族劳动力选择军人及公检法业在 10%的显著性水平上呈负向影响，表明少数民族劳动力普通话听的能力越强，其在军人及公检法业的从业率越低，说明普通话能力对少数民族劳动力在军人及公检法业就业而言不是参考的指标。说的能力对少数民族劳动力选择行政机关就业在 10%的显著性水平上呈正向影响，这从普通话能力内部阐释了表 4-4 中普通话能力对少数民族劳动力在行政机关就业具有正向影响。读的能力对少数民族劳动力从事林牧渔业在 5%的显著性水平上呈负向影响，表明读的能力越高，其选择林牧渔业的概率越低，这在一定程度上弥补了前文中普通话能力对是否非农就业影响不显著的结果。少数民族劳动力普通话写的能力对其选择在邮电通信业、其他行业及务农行业就业在

10%的水平上呈显著正向作用。其中，邮电通信业在10%的水平上呈显著正向影响，其系数值为2.944，为最大值，表明少数民族劳动力普通话写的能力每增高1个单位，其选择在邮电通信业就业概率就增大2.944个单位。相比而言，在其他职业就业的少数民族劳动力普通话写的能力对就业的影响为0.931个单位。

表4-5　普通话能力各维度对就业行业的影响结果分析

就业行业	听的能力	说的能力	读的能力	写的能力	各项常数项
军人及公检法业	−1.361*				−4.049
	(0.764)				(2.918)
企业				1.784**	−1.934
				(0.738)	(1.977)
行政机关		2.590*			−10.438***
		(1.350)			(2.932)
林牧渔业			−1.781**		−1.615
			(0.760)		(2.115)
邮电通信业				2.944*	−1.121
				(1.524)	(1 346.813)
其他				0.931*	−2.036
				(0.517)	(1.539)
务农				1.136*	−4.869***
				(0.593)	(1.828)
控制变量	已控制	已控制	已控制	已控制	
LR检验值		465.580			
P		0.000			

注：***、**和*分别表示在1%、5%和10%的水平上显著，括号内结果为标准误。

四、技能偏向性人力资本：普通话能力的调节作用

由理论分析可知，普通话能力提升会引起技能偏向性技术的进步，进而影响人力资本的溢价能力。因此为验证这一传导性理论，下面将对普通话能力对教育资本与就业行为关系的调节效应进行检验。

表4-6汇报了层次回归分析的结果。在对少数民族是否非农就业的影

表 4-6　普通话能力对教育资本影响的调节效应检验

项目	是否非农就业		工资水平		就业稳定性		就业产业			
	(1)	(2)	(3)	(4)	(5)	(6)	(7)	(8)	(9)	(10)
普通话能力	−0.117	−0.117	0.060***	0.058***	0.007	0.006	0.287	0.165	0.301	0.171
	(0.077)	(0.077)	(0.013)	(0.013)	(0.051)	(0.052)	(0.211)	(0.116)	(0.214)	(0.117)
教育资本	0.447**	0.443**	−0.037	−0.038	0.517***	0.526***	−0.174	−0.682**	−0.265	−0.788**
	(0.189)	(0.192)	(0.029)	(0.029)	(0.117)	(0.119)	(0.526)	(0.285)	(0.543)	(0.308)
教育资本和普通话能力		−0.020		−0.050*		−0.336*			−0.447	−0.376
		(0.189)		(0.030)		(0.125)			(0.580)	(0.298)
常数项	−4.423***	−4.417***	8.055	8.064	−0.337	−0.314	−1.719	3.663***	−1.617	3.793***
	(0.802)	(0.804)	(0.108)	(0.108)	(0.431)	(0.435)	(1.922)	(1.037)	(1.931)	(1.041)
Probit>x2	0.000	0.000	0.000	0.000	0.000	0.000	0.000		0.000	
可决系数	0.392	0.392	0.131	0.134	0.033	0.040	0.155		0.157	

注：①此处将普通话能力和教育资本两个表格做中心化处理，所得为中心化系数。

②“(1)”“(2)”“(5)”“(6)”列采用 probit 模型进行回归，“(3)”“(4)”列采用 OLS 模型进行回归，“(7)”(8)”“(9)”“(10)”列采用 mlogit 模型进行回归。

③可决系数一行中，probit 回归汇报的是 Pseudo R^2，OLS 和 mlogit 汇报的是 R^2。

④ ***、** 和 * 分别表示在 1%、5%和 10%的水平上显著，括号内结果为标准误。

响方面，交互项系数并不显著，且“(2)”列与“(1)”列可决系数由于数据简化相等，表明普通话能力在教育资本影响少数民族劳动力是否非农就业中的调节作用不明显；但教育资本对是否非农就业的影响在5%的水平上呈正向显著，且增加交互项后其得到削弱而普通话能力得到上升，说明普通话能力在教育资本中对是否非农就业有一定影响。在对工资水平的影响方面，交互项系数在10%的水平上显著为负，且“(4)”列的可决系数显著大于“(3)”列，表明普通话能力在教育资本影响少数民族劳动力工资水平中起到负向调节作用。这说明在当今就业环境下，单纯掌握普通话能力是远远不够的，为获取更高的收入，除了要熟练地掌握普通话外，依据地理优势对周边国家语言进行掌握也是十分有必要的。在对就业稳定性的影响方面，交互项呈现负向调节作用，表明普通话能力在教育资本中对少数民族劳动力就业稳定性起到了显著的调节作用。这说明普通话能力的提升与教育资本的积累使得少数民族劳动力能更主动地选择工作，在不断发展的就业环境下，掌握高水平的普通话能力与更高的教育水平可使得劳动力在工作机遇选择中有更多的机会。在对就业产业的影响层面，虽然交互项并不显著，但是加入教育资本变量后，以第一产业为基准的第二、三产业“(9)”“(10)”列可决系数显著大于“(7)”“(8)”列，表明普通话能力在教育资本中对少数民族劳动力就业产业在一定程度上起到了调节作用。综合来看，普通话能力与教育资本相辅相成，对少数民族劳动力就业起到一定的影响作用。综上可验证假设H_3部分成立。

五、结论与政策建议

(一) 结论

本节基于相关调查问卷数据，研究兵团少数民族普通话能力对其就业行为的影响。研究结果表明：

(1) 普通话能力的提升能显著提升少数民族劳动力工资水平，其中听的能力更为显著，同时在就业行业的选择中听的能力在第二产业行业中尤为重要，而读的能力能够显著影响就业稳定性。

(2) 普通话能力对兵团少数民族劳动力就业行业中的企业、行政机关及教育部门有正向显著影响。对于在企业就业的少数民族劳动力来说，写的能力能正向显著影响其就业；对于就职于行政机关的少数民族劳动力而言，说的能力能正向显著影响其就业。而从普通话能力的4个维度来看，在军人及公检法业就业的少数民族劳动力听的能力对其就业选择呈负向影响，读的能力对从事林牧渔业的少数民族劳动力呈负向影响，邮电通信业、其他行业及务农行业的少数民族劳动力普通话写的能力对其就业行业呈正向影响。同时，普通话能力的提升使得兵团少数民族劳动力向疆外西部地区转移就业概率增大，但向疆外中部地区转移就业意愿降低。

（3）普通话能力可被视为偏向性人力资本，随着普通话能力的提升，偏向性技术也得到进步，从而提高其人力资本溢价能力。提升少数民族劳动力普通话能力，提高其就业质量，保证其就业行为的正确是推动地区经济发展的重要基础。

（二）政策建议

基于以上研究结论，提出以下政策建议：

（1）全面推广普及国家通用语言文字教育，加大对农村中青年劳动力推普力度。2018年8月新疆义务教育阶段学生全面实现国家通用语言文字教育100%全覆盖目标。在此基础上，经过几年的推普工作，新疆在普及国家通用语言文字教育的实施方面仍需继续加大力度。不仅应着力于在校各级学生加强普及国家通用语言文字教育工作，更应将普及国家通用语言文字教育工作面向“大地”、面向“工厂”、面向“市场”。全面普及国家通用语言文字教育，不仅有利于学生未来的工作生活，更有利于其向家中长辈传播普通话，真正意义上实现教育的传播性。

（2）优化语言教育结构，协同经济发展。在新疆这个聚集多民族的地方，少数民族语言繁杂，国家通用语言文字教育的本质并非去除少数民族语言文字，而是在国家通用语言文字普及推广的同时，保持少数民族语言文字的多样性。同时，新疆地区邻接多国，可依据新疆各地外贸经济发展方向，合理适度地调整语言教育结构，发挥语言的经济效用，增强新疆地区少数民族劳动力个体经济发展水平，促进新疆地区经济发展，从语言经济角度防止“返贫”。

（3）加强岗前普通话培训，提升就业能力。作为技能偏向性人力资本，普通话能力的提升会提高劳动力人力资本溢价，从而促进个体经济发展，推动地区经济发展。在新疆尤其是兵团，许多少数民族劳动力的原就业产业为农业，随着农业科技的不断发展，富余劳动力被动转向第二、三产业行业，其普通话能力并不能很好地支撑其在新就业单位的发展。因此，进行岗前培训尤为重要。许多工厂在岗前会安排相应人员对上岗劳动力进行语言文字培训，以达到理解就业要求、完成工作目标、稳定就业环境的目的。这不仅对就业单位提升工作效率、节约生产成本有重要意义，更对少数民族劳动力个人提升语言沟通能力、增强就业能力有现实意义。

第二节　国家通用语言文字教育对兵团少数民族劳动力收入的影响研究

新中国成立以来，特别是党的十八大以来，在国家的高度重视下，国家通用语言文字普及推广取得了历史性成就。但是，国家通用语言文字普及推广仍不平衡不充分，特别是民族聚居的边疆地区，国家通用语言文字能力仍对少数民族人民群众生产生活水平提升有制约影响。作为人力资本的重要形式，国家通用语言文字能力对少数民族劳动力就业及收入影响很大，国家通用语言文字能力的提升是促进少数民族劳动力就业增收的重要途径。首先，语言文字能力是人力资本与知识资本的积累，需要付出一定的代价和成本才能获得。其次，这种时间和金钱上的投资也会为个体带来一定的经济收益，具体体现在以下几个方面：语言文字能力具有市场信号功能，通过向雇主发送有关个体潜力的信号，增加求职成功的可能性①；降低寻找工作的交易成本，提升职业与技能的匹配率②；扩大社会关系网络，促进劳动力市场人才合理有序流动，提高人力市场资源配置效率③；使个体更好地与同事、客户沟通交流，提高工作效率④。因此，不管是在劳动者收入的绝对数量方面还

① Gao W，Smyth R. Economic returns to speaking ‘standard Mandarin’ among migrants in China's urban labor market [J]. Monash Economics Working Papers，2011，30 (2)：342-352.

② Guo Q，Sun W. Economic returns to English proficiency for college graduates in mainland China [J]. China Economic Review，2014 (30)：290-300.

③ 李秦，孟岭生．方言、普通话与中国劳动力区域流动 [J]. 经济学报，2014 (4)：68-84.

④ Stöhr Tobias. The returns to occupational foreign language use：Evidence from Germany [J]. North-Holland，2015 (32)：86-98.

是相对位次方面，语言文字能力均对其具有显著的正向影响[1][2][3]。

随着经济的发展和工业化进程的推进，劳动力市场分工程度不断细化，地域流动和技能分层在各区域的劳动者之间开始出现[4]。其中，语言文字能力在诸多技能分化形式中扮演重要角色[5]。语言文字能力强的劳动力能够更有效地获取劳动力市场信息，减少工作搜寻的成本和由于语言沟通不畅而造成的摩擦，促进劳动力要素在各区域和各行业间的流动，以获得发展前景更好、薪资福利待遇更优的工作，同时良好的沟通效率还能够提高劳动生产率，为企业创造经济价值，促进劳动力自身就业和收入增长。

关于语言与收入关系的研究，如张卫国基于经济、健康和精神维度分析普通话能力的减贫效应[6]、陈媛媛针对普通话能力对中国劳动者收入影响的研究[7]、刘国辉和张卫国针对外语能力与员工工资关系的调查等[8]。南疆地区少数民族劳动力资源充裕，但普通话水平不高，影响其掌握职业技能，导致劳动力能力与市场需求不适应、生产率低、就业不充分，特别是农业劳动力转移就业问题较明显，而目前关于新疆少数民族劳动力国家通用语言文字能力对其就业及收入影响研究的针对性不够。新时代民族地区巩固拓展脱贫攻坚成果，持续加强教育扶智，接续乡村振兴，针对少数民族劳动力群体开展普通话培训，加大了普通话普及推广力度。那么，普通话的听说沟通能力和读写认知能力是否对新疆少数民族劳动力收入有影响？普通话能力对少数

① 陆铭，张爽．“人以群分”：非市场互动和群分效应的文献评论［J］．经济学（季刊），2007（3）：991－1020.

② Gao X，Long C X. Cultural border，administrative border，and regional economic development：Evidence from Chinese cities［J］．China Economic Review，2014（30）：247－264.

③ 姜太碧，刘嘉鑫．城市少数民族汉语能力与收入效应分析［J］．民族学刊，2020，11（5）：7－18，129－130.

④ Gao W，Smyth R. Economic returns to speaking ‘standard Mandarin’ among migrants in China's urban labor market［J］．Monash Economics Working Papers，2011，30（2）：342－352.

⑤ Guo Q，Sun W. Economic returns to English proficiency for college graduates in mainland China［J］．China Economic Review，2014，30：290－300.

⑥ 张卫国．普通话能力的减贫效应：基于经济、健康和精神维度的经验分析［J］．语言文字应用，2020（4）：37－51.

⑦ 陈媛媛．普通话能力对中国劳动者收入的影响［J］．经济评论，2016（6）：108－122.

⑧ 刘国辉，张卫国．中国城市劳动力市场中的“语言经济学”：外语能力的工资效应研究［J］．山东大学学报（哲学社会科学版），2016（2）：46－52.

民族劳动力收入影响是否存在差异性？影响机制是什么？针对这些问题的研究不仅可以丰富国家通用语言文字普及对少数民族劳动力就业和增收的理论研究内容，而且针对新疆区域特性及少数民族劳动力的特殊性，可以为民族地区国家通用语言文字普及推广实践提供有益的参考。

本节运用新疆民族地区的数据，就普通话能力对少数民族劳动力收入的影响机制进行实证研究。同时为克服模型的内生性，引入“语言能力与工作适应度”和“普通话水平能否运用于目前工作岗位”工具变量并通过倾向得分匹配法进行检验，证明了结论的稳健性。将普通话能力作为一种人力资本，运用明瑟收入模型，验证了普通话能力对少数民族劳动力收入具有显著溢出效应，听力、口语、阅读和书写技能对收入的影响程度没有明显差异，但是普通话能力对收入层次高的劳动力回报率高，对中年女性劳动力收入影响最明显，对劳动力是否非农就业影响显著。本节的贡献主要体现在：首先，实证检验了普通话能力对新疆少数民族劳动力收入的影响机制，验证了国家通用语言文字教育的经济效应，阐释了国家通用语言文字教育对少数民族劳动力增收致富的经济价值；其次，发现普通话能力在促进农村劳动力非农就业中的作用，可以拓宽少数民族劳动力就业的选择空间，促进劳动力市场的流动和转移，对巩固拓展脱贫攻坚成果，接续乡村振兴，维护边疆稳定和国家安全具有重要的战略意义。

一、理论分析与研究假设

采用经济学的工具和方法，对语言与收入之间的关系进行探讨是语言经济学领域重要的研究内容之一①。同时，语言文字能力的人力资本属性是收入溢价的根本②，这种形式的人力资本与其他形式的人力资本形成互补③，共同对劳动力收入产生经济效益。20 世纪 80 年代初，语言文字能力对收入

① Franqois Grin. The economics of language：survey，assessment，and prospects [J]. International Journal of the Sociology of Language，2009，121 (1)：17 - 44.

② 程虹，王岚．普通话能力与农民工工资——来自“中国企业-劳动力匹配调查”的实证解释 [J]. 教育与经济，2019 (2)：37 - 46.

③ Barry R Chiswick，Paul W Miller. The endogeneity between language and earnings：international analyses [J]. 1995，13 (2)：246 - 288.

影响的研究在国外开始兴起，并且发现语言文字技能会给劳动者带来收入溢价。掌握一门外语对于劳动者收入具有显著的溢出效应，如斯普洛丁（Isphordin）① 发现熟练的英语、法语和德语都会提高西班牙劳动力收入；在考虑人力资本和个人特征条件下，泰纳尔（Tainer）② 发现英语能力对所有种族劳动力的收入都具有显著影响。同时，掌握本国的通用语言也会促进收入增长，如卡利纳（Carliner）③ 实证研究发现学习英语会使加拿大劳动力获得客观的经济回报。除此之外，语言文字能力的单项技能对劳动力收入的影响存在差异，如卡萨尔（Casale）和波塞尔（Posel）④ 发现对于接受过高等教育的非洲劳动者而言，英语能力的读写技能对收入的促进作用更加明显；希尔兹（Shields）⑤ 和卡内瓦莱（Carnevale）⑥ 则分别通过实证分析得出英语的口语技能和听力技能对劳动者收入增长和职业成功的积极影响更为显著。

在我国劳动力市场上，语言文字能力同样具有较高的经济回报。目前，关于语言与收入关系的研究，语言经济学研究对象主要有外语能力、方言、普通话能力等。在外语能力对收入的影响研究中，程虹、刘星滟⑦ 在 CEES 数据基础上，采用 OLS 最小二乘法、工具变量法、倾向得分匹配法等方法分析得出英语能力对员工小时工资具有显著的积极影响；刘国辉、

① Isphording I E. Returns to Local and Foreign Language Skills-Causal Evidence from Spain [J]. SSRN Electronic Journal，2013.

② Tainer E. English language proficiency and the determination of earnings among foreign-born men [J]. Journal of Human Resources，1988，23 (1)：108－122.

③ Carliner G. Wage differences by language group and the market for language skills in Canada [J]. Journal of Human Resources，1981，16 (3)：384－399.

④ Casale D，Posel D. English language proficiency and earnings in a developing country：The case of South Africa [J]. Journal of Socio-Economics，2011，40 (4)：385－393.

⑤ Shields M A，Price S W. The English language fluency and occupational success of ethnic minority immigrant men living in English metropolitan areas [J]. Journal of Population Economics，2002，15 (1)：137－160.

⑥ Carnevale，Anthony P，Fry，et al. Understanding，speaking，reading，writing，and earnings in the immigrant labor market [J]. American Economic Review，2001，91 (2)：159－163.

⑦ 程虹，刘星滟．英语人力资本与员工工资——来自 2015 年“中国企业—员工匹配调查”的经验证据 [J]. 北京师范大学学报（社会科学版），2017 (1)：34－50.

张卫国[①]基于 CGSS 2006 数据，发现外语能力对中国城市居民的收入具有显著的溢出效应。在方言对收入的影响研究中，马双、赵文博[②]进行实证分析发现，方言多样性阻碍了城镇地区外来劳动力收入的增长，并且这一影响在各收入水平群体中普遍存在；王海霞和王钦池[③]基于方言的认同效应与替代效应证实了流动人口收入与方言水平之间的倒 U 形曲线关系，建议促进流动人口掌握适度的方言，以实现社会融合与收入最大化。学术界普遍认为普通话能力对个体具有明显的增收效应，如张卫国[④]进行实证分析发现，普通话对经济贫困、健康贫困和精神贫困均具有减贫效果；李瑞华[⑤]分别从经济学、文化学和社会学的角度进行分析，发现普通话能力对贫困群体增收创收、文化认同具有重要作用。同时，对于新疆少数民族劳动力而言，熟练的普通话能力不仅能够减少市场信息不对称带来的不利影响，通过向雇主发送有关个人潜力的信号增加求职成功的概率，而且在促进劳动力跨区域与跨部门流动、减少劳动力转移成本方面具有重要作用，促使劳动力在全国范围内合理流动，增加工作机会、促进收入增长和职业成功。由此提出如下假设：

H_4：普通话能力对少数民族劳动力收入产生正效应，其中，普通话听力、口语、阅读和写作技能对收入均有影响。

普通话能力提升可促进人力资本积累，对促进劳动力非农就业具有重要意义，这一作用已经被国内学者广泛论证。如张书赫等[⑥]实证分析发现，普通话作为特殊的技能偏向性人力资本，对非农就业的正向调节效应显著；

---

① 刘国辉，张卫国．中国城市劳动力市场中的“语言经济学”：外语能力的工资效应研究［J］．山东大学学报（哲学社会科学版），2016（2）：46－52.

② 马双，赵文博．方言多样性与流动人口收入——基于 CHFS 的实证研究［J］．经济学（季刊），2019，18（1）：393－414.

③ 王海霞，王钦池．方言能力如何影响流动人口收入？——基于中国劳动力动态调查数据［J］．人口与发展，2020，26（2）：23－25.

④ 张卫国．普通话能力的减贫效应：基于经济、健康和精神维度的经验分析［J］．语言文字应用，2020（4）：37－51.

⑤ 李瑞华．精准扶贫背景下民族贫困地区国家通用语言的教育价值探析——基于对青海省贫困藏区语言使用情况的调查［J］．民族教育研究，2019，30（6）：58－63.

⑥ 张书赫，王成军，沈政．非农就业行为中普通话的提质效果及机制研究——基于 CLDS 微观数据的实证分析［J］．教育与经济，2020，36（6）：40－50.

张卫国[①]在语言减贫作用机制的研究中发现，促进非农就业是抑制劳动力经济贫困的重要渠道。一方面，语言文字能力具有文化属性，通过促进不同种族群体间身份认同、增加劳动力社会资本积累[②]，使移民者更好地融入当地社会，获得更多的非农就业机会[③]。普通话能力较高的少数民族劳动力在跨区域转移中更易受到当地人的理解和认同，进而快速地实现社会融入。另一方面，沟通不畅是阻碍少数民族劳动力转移的关键因素。在民族地区，普通话能力作为一种稀缺资源，是各族人民沟通交流的重要工具[④]。提升普通话能力有助于少数民族劳动力在求职过程中克服市场分割障碍，减少信息不对称或潜在市场摩擦带来的不利影响[⑤]，并且能够通过减少不同语言群体间的交流成本[⑥]、提高个体的劳动生产率，降低社会或雇主对少数民族劳动力的身份歧视，使少数民族劳动力获得更多的非农就业机会，实现少数民族劳动力的增收创收。基于此，提出如下假设：

H_5：普通话能力对少数民族劳动力收入的溢出效应主要是通过增加非农就业机会实现的。

二、研究设计和数据说明

（一）数据来源

本节对南疆四地州少数民族群体普通话能力及就业情况进行了调查，研究对象为少数民族劳动力，发放问卷 1 084 份，剔除 16 岁以下及 65 岁以上不符合劳动年龄的样本，同时剔除核心变量缺失及异常的样本，最终有效样本量为 769 个。调查针对少数民族劳动力的国家通用语言文字教育、就业及

① 张卫国．普通话能力的减贫效应：基于经济、健康和精神维度的经验分析［J］．语言文字应用，2020（4）：37－51.

② 金江，尹菲菲，张莉．方言能力与流动人口的借贷机会——基于 CLDS 的经验研究［J］．南方经济，2017（9）：85－102.

③ 何洋．普通话水平与农村劳动力非农就业——基于 CFPS2016 年的实证分析［J］．西安财经大学学报，2020，33（5）：106－113.

④ 唐曼萍，李后建．普通话技能的农户减贫效应研究——基于西部民族地区经济社会的调查［J］．中国经济问题，2019（2）：122－136.

⑤ 赵颖．语言能力对劳动者收入贡献的测度分析［J］．经济学动态，2016（1）：32－43.

⑥ Kevin Lang. A language theory of discrimination［J］．The Quarterly Journal of Economics，1986，101（2）：363－382.

收入情况，主要分为个人基本特征、国家通用语言文字掌握程度、国家通用语言文字能力与培训情况、就业与收入情况4个部分。调查从听、说、读、写4个维度对国家通用语言文字掌握程度进行测量，其中每一维度分别从社会交往、经济生活、专业与工作等方面让被试者针对自身语言文字水平在1～5分范围内进行打分，每一维度分为4个小题，满分为20分。同时，根据劳动力的职业情况及月收入水平，将职业分为服务业、商业、教育部门等16类；月收入水平分为6个等级，即0～2 000元、2 001～3 000元、3 001～4 000元、4 001～5 000元、5 001～6 000元、6 001元及以上6个收入段。

（二）变量说明及描述性统计

被解释变量为少数民族劳动力的月收入，核心解释变量为国家通用语言文字的听、说、读、写水平；控制变量为劳动者个人基本信息及其他影响收入的因素，包括是否从事非农工作、职业类型、工作所在地、收入来源等。以上各变量的含义和统计情况见表4-7。

表4-7 变量说明及描述性统计

变量名称		变量取值及含义	均值	标准差
被解释变量	月收入	0～2 000元=2 000，2 000～3 000元=2 500，3 001～4 000元=3 500，4 001～5 000元=4 500，5 001～6 000元=5 500，6 001元及以上=6 000（取对数形式）	7.885	0.341
核心解释变量	听力水平	取值范围1～5，分值越高，语言能力越强	3.713	1.019
	口语水平	取值范围1～5，分值越高，语言能力越强	3.704	1.022
	阅读水平	取值范围1～5，分值越高，语言能力越强	3.617	1.037
	写作水平	取值范围1～5，分值越高，语言能力越强	3.643	1.017
控制变量	性别	男=1，女=0	0.575	0.495
	年龄	岁	28.954	12.465
	户口类型	城镇=1，农村=0	0.260	0.439
	文化程度	小学及以下=1，初中=2，高中=3，中专=4，大专=5，本科及以上=6	4.137	1.467
	政治面貌	党员=1，非党员=0	0.087	0.282
	婚姻状况	已婚=1，未婚=2，离异或丧偶=3	1.724	0.497
	是否从事非农工作	是=1，否=0	0.766	0.424

（续）

变量名称		变量取值及含义	均值	标准差
控制变量	职业类型	服务业=1，军人及公检法业=2，个体经营=3，卫生部门=4，交通运输业=5，商业=6，企业=7，行政机关=8，教育部门=9，建筑业=10，金融业=11，林牧渔业=12，科学文化艺术业=13，邮电通信业=14，其他职业=15，务农=16	11.471	4.917
	工作所在地	本地就业=1，疆内就业=2，疆外就业=3	1.684	0.555
	是否接受过专业技术培训	是=1，否=0	0.784	0.412
	语言能力与工作适应度	取值范围1～5，分值越高，适应度越好	3.818	1.083
	收入来源	务农=1，务农+打零工=2，外出长期打工=3，正式工作（企事业单位）=4，自主就业（个体工商业）=5，其他=6	2.949	1.959

（三）模型设定

本节主要研究普通话能力对少数民族劳动者收入的影响，语言能力也属于人力资本的一种形式，因此拟采用变形的明瑟收入方程形式：

$$\ln y = c + \beta language + \sum \beta_i X + \varepsilon \quad （公式 4-14）$$

在上述模型中：$\ln y$ 为劳动者月收入（为避免由于数据单位相差过大而导致的异方差问题，取对数形式）；*language* 为劳动者个体的普通话能力，包括听、说、读、写技能；c 为常数项，β 为普通话能力的影响系数，X 为控制变量，ε 为随机误差项。

三、实证分析

（一）基准回归结果

为防止结果有偏，在模型回归分析前进行共线性检验，以确定模型的适用性。模型VIF检验结果显示，各变量的VIF值均小于2.00，由此可以判断该模型并不存在多重共线性。运用Stata 16软件对模型进行OLS回归，得到少数民族劳动力普通话能力收入效应的回归结果（表4-8）。

表 4-8　少数民族劳动力普通话能力收入效应的回归结果

变量	模型（1）	模型（2）	模型（3）	模型（4）
听力水平	0.068***			
	(5.87)			
口语水平		0.063***		
		(5.48)		
阅读水平			0.057***	
			(4.92)	
写作水平				0.065***
				(5.60)
性别	0.046**	0.046*	0.046*	0.049**
	(1.97)	(1.96)	(1.95)	(2.07)
年龄	0.002**	0.002**	0.002**	0.003**
	(2.10)	(2.07)	(2.02)	(2.13)
户口类型	0.012	0.011	0.011	0.009
	(0.42)	(0.37)	(0.38)	(0.33)
文化程度	0.016	0.017	0.015	0.016
	(1.58)	(1.60)	(1.44)	(1.54)
政治面貌	0.007	0.008	0.008	0.006
	(0.16)	(0.19)	(0.18)	(0.14)
婚姻状况	−0.100***	−0.100***	−0.103***	−0.102***
	(−3.33)	(−3.30)	(−3.40)	(−3.37)
是否从事非农工作	0.079***	0.078***	0.079***	0.075**
	(2.57)	(2.55)	(2.57)	(2.45)
职业类型	−0.009***	−0.009***	−0.009***	−0.009***
	(−3.87)	(−3.86)	(−3.90)	(−3.95)
工作所在地	−0.025	−0.025	−0.026	−0.025
	(−1.12)	(−1.13)	(−1.19)	(−1.13)
是否接受过专业技术培训	0.078***	0.077***	0.074***	0.073**
	(2.73)	(2.71)	(2.58)	(2.56)
收入来源	0.025***	0.025***	0.025***	0.025***
	(3.89)	(3.93)	(3.88)	(3.91)

（续）

变量	模型（1）	模型（2）	模型（3）	模型（4）
常数项	7.590***	7.606***	7.655***	7.615***
	(74.99)	(74.95)	(76.75)	(75.81)
R^2	0.140	0.136	0.129	0.137

注：*、**、*** 分别表示在10%、5%和1%的置信水平内显著，括号内为t值。

表4-8中模型（1）、模型（2）、模型（3）、模型（4）分别显示了普通话听力水平、口语水平、阅读水平、写作水平对收入影响的OLS回归结果。实证结果显示，普通话听、说、读、写技能的回归系数均为正，且通过了1%的显著性水平检验，意味着普通话能力确实对少数民族劳动力收入的增长具有显著贡献。具体来看，普通话听力水平对收入的溢出效应最高，影响系数为0.068，即听力技能每提高一个等级，会带来少数民族劳动力6.80%收入的提高。普通话口语、阅读、写作技能对收入的溢出效应分别为6.30%、5.70%和6.50%。这和现有的研究结论趋于一致，由此验证了国家通用语言文字教育对少数民族劳动力收入影响的经济意义，同时证实了假设 H_4 的正确性。事实上，对于少数民族劳动力而言，普通话技能的掌握在加快少数民族劳动力基本素质的提升、促进其职业技能的提高和增强其就业创业能力方面起到基础性作用，对维护国家统一、促进民族团结和社会发展发挥着基础作用，对巩固拓展脱贫攻坚成果、接续乡村振兴、实现共同富裕具有战略意义。

就控制变量而言，性别、年龄、婚姻状况、是否从事非农工作、职业类型、是否接受过专业技术培训与收入来源均对少数民族劳动力的收入产生显著影响。在其他变量不变的情况下，男性劳动力的收入要高于女性；随着年龄的增长，工资水平也将有所提升；从事非农工作、接受专业技术培训对劳动力收入提升具有一定的积极作用。上述研究结果与现实生产生活观察基本一致。

（二）工具变量估计

为克服普通话能力与少数民族劳动力收入之间存在的反向因果、遗漏变量等内生性问题，采用工具变量法对模型进行修正，以防研究结论有偏。鉴于工具变量的选取原则为与核心解释变量高度相关但并不对被解释变量产生直接影响，因此，结合调研数据，拟采用“语言能力与工作适应度”“普通话水平是否能运用于目前工作岗位”作为工具变量对模型进行估计，2SLS回归结果如表4－9所示。

表4－9　普通话能力对少数民族劳动力收入影响的工具变量回归结果

变量	模型（1）	模型（2）	模型（3）	模型（4）
听	0.088***			
	(0.016)			
说		0.092***		
		(0.017)		
读			0.095***	
			(0.018)	
写				0.096***
				(0.018)
控制变量	已控	已控	已控	已控
常数项	7.515***	7.500***	7.534***	7.513***
	(0.114)	(0.116)	(0.113)	(0.115)
Cragg-Donnald Wald F	332.729	280.663	249.113	259.442
	(0.000)	(0.000)	(0.000)	(0.000)
Hansen J	0.096	0.090	0.164	0.179
P	(0.756)	(0.765)	(0.686)	(0.672)
R^2	0.137	0.128	0.116	0.129

注：*、**、***分别表示在10%、5%与1%的置信水平内显著，括号内为异方差稳健标准误。

从表4－9的回归结果可知，模型（1）、模型（2）、模型（3）、模型（4）的Cragg-Donnald Wald F统计量分别为332.729、280.663、249.113和259.442，均大于10%置信水平的临界值；各模型的Hansen J统计量分别为0.096、0.090、0.164与0.179，对应的P值分别为0.756、0.765、0.686与0.672，均拒绝“所有变量均外生”的原假设。由此可知，模型通过了弱工具变量检验与过度识别检验，满足工具变量的选取条件。相较于OLS回归结果，普通话的听、说、读、写技能仍对少数民族劳动力收入具有显著促进作用，且回归系数分别从 0.068、0.063、0.057、0.065 提高到 0.088、0.092、0.095、0.096。一般而言，这主要是由于测量误差、遗漏变量等内生性问题导致的 OLS 估计结果偏低。总体来看，采用工具变量后，普通话能力对少数民族劳动力收入的溢出效应仍较为显著，这一结论验证了基准回归结果的有效性。

（三）稳健性检验

在实证分析中，除普通话熟练程度差异外，仍需考虑样本中个体在其他层面上的异质性，以对研究结果的稳健性进行检验。为此，通过引入 PSM 方法对上文的 OLS 估计结果进行检验。PSM 方法是起源于鲁宾因果模型的匹配方法，可以通过匹配相似的样本来缓解反向因果带来的内生性，又可以控制样本中其他因素导致的可观测到的异质性问题。鉴于概率得分是 PSM 方法的匹配依据，因此在做 PSM 分析前，将国家通用语言文字能力较强（普通话听力、口语、阅读、写作水平在 3 级以上）的样本作为实验组，国家通用语言文字能力较弱（普通话听力、口语、阅读、写作水平在 3 级及以下）的样本作为对照组，以半径匹配的方式进行估计，分析结果如表 4－10 所示。

表 4－10　普通话能力对少数民族劳动力收入影响的倾向得分匹配回归结果

变量	匹配状态	处理组	对照组	ATT	标准误	t 统计量
听力技能	U	7.883	7.758	0.124**	0.061	2.04
	M	7.870	7.751	0.118*	0.066	1.81
口语技能	U	7.880	7.730	0.150***	0.058	2.58
	M	7.874	7.702	0.171***	0.050	3.40
阅读水平	U	7.876	7.802	0.074	0.052	1.43
	M	7.865	7.753	0.112*	0.065	1.73
写作水平	U	7.947	7.799	0.148***	0.024	6.08
	M	7.948	7.803	0.145***	0.025	5.90

注：*、**、*** 分别表示在 10%、5%与 1%的置信水平内显著。

从表 4－10 可知，PSM 估计结果和工具变量估计、OLS 回归中的结论大体一致，进一步验证了普通话的听、说、读、写技能对少数民族劳动力收入具有积极的促进作用。在估计系数大小方面，除未匹配的阅读水平外，其余结果都显著高于OLS回归结果。这可能与调查中一些遗漏变量未被观测到有关，也可能是样本选择偏差所致。综上所述，PSM分析及工具变量估计可得，普通话能力对少数民族劳动力收入具有明显的溢出效应，证明了结论的稳健性。

（四）异质性分析

在少数民族劳动力群体内部，由于劳动力个体间存在差异，普通话能力的收入效应随样本的个体特征发生变化，呈现出相应的异质性。因此，为更全面地考察普通话能力对收入的影响，下面分别从收入层次、性别及年龄层面探讨普通话能力对不同劳动力群体收入影响的异质性。

为检验不同收入层次中普通话能力对收入影响的异质性，利用分位数回归方法，对不同收入水平人群的普通话能力回报率进行了估计，其中，分位点选取0.25、0.5、0.75，回归结果见表4-11。结果显示，普通话能力对收入的影响呈边际报酬递增的趋势，收入层次越高，普通话能力的回报率越高。具体来看，普通话听力、口语、阅读、写作技能回报率的趋势大体一致。由此可见，普通话各技能对少数民族劳动力收入的溢出效应显著，低收入层次中普通话水平对收入的拉动作用并不明显。

表4-11 普通话能力对少数民族劳动力收入影响的异质性分析

变量	听力	口语	阅读	写作	控制变量	N
低收入组	4.90E−17	−1.94E−16	−4.92E−16	3.68E−16	已控	769
	(0.06)	(−0.23)	(−0.58)	(0.26)		
中收入组	0.073***	0.063***	0.058***	0.064***	已控	769
	(5.49)	(4.34)	(4.23)	(4.87)		
高收入组	0.113***	0.107***	0.089***	0.106***	已控	769
	(6.62)	(5.64)	(4.48)	(5.28)		
女性	0.088***	0.080***	0.070***	0.082***	已控	327
	(4.83)	(4.41)	(3.84)	(4.48)		
男性	0.056***	0.053***	0.049***	0.055***	已控	442
	(3.72)	(3.52)	(3.30)	(3.64)		
低年龄段	0.042***	0.038***	0.039***	0.044***	已控	504
	(2.91)	(2.63)	(2.66)	(2.97)		

（续）

变量	听力	口语	阅读	写作	控制变量	N
中年龄段	0.117***	0.107***	0.085***	0.096***	已控	215
	(5.39)	(5.00)	(3.94)	(4.47)		
高年龄段	0.033	0.031	0.012	0.033	已控	50
	(0.68)	(0.63)	(0.26)	(0.73)		

注：*、**、*** 分别表示在10%、5%与1%的置信水平内显著，括号内为t值。

另外，对于不同年龄阶段、性别的劳动力群体，普通话能力对收入的影响也并不一致。将样本分为17～28岁、29～45岁、46～65岁3个年龄阶段及男、女两类进行分组回归，回归结果如表4-11所示。结果表明，普通话水平对女性劳动力收入的促进作用更大，普通话听、说、读、写技能每增加一个等级，女性劳动力收入将分别显著增加8.80%、8.00%、7.00%与8.20%；男性劳动力收入的影响系数虽仍为正向显著，但总体上影响程度小于女性。就普通话的收入效应来看，29～45岁年龄阶段的劳动力普通话回报率最高，其次为17～28岁年龄阶段的劳动力，而46～65岁年龄阶段的劳动力的收入效应并不显著。其机理可能在于：对于不同年龄阶段的劳动者来说，年轻劳动力受教育程度普遍高于上一代劳动力，学习能力强、新事物接受程度高的差异造成了普通话回报率在不同年龄阶段的差异。

四、影响机制分析

上文通过对普通话能力的收入效应进行实证研究，验证了普通话能力对少数民族劳动力收入具有显著的拉动作用。那么，普通话能力对收入造成影响背后的作用机制是怎样的？这一问题的回答有利于理解普通话能力的经济影响，对少数民族劳动力提升自身收入、实现民族地区经济社会稳定和促进社会和谐发展具有重要意义。

根据前文理论分析可得，普通话能力通过促进非农就业对少数民族劳动力增收具有重要作用。为验证这一结论是否适用，引入“是否从事非农工作”作为中介变量对这一机制进行检验。同时，为便于分析，不再将语言能力细分为听、说、读、写4个部分，而是将这4个部分各取25%权重并加总。普通话能力对是否从事非农工作影响的回归结果如表4-12所示。

表 4-12 普通话能力对是否从事非农工作影响的回归结果

变量	(1) 月收入 (未纳入是否从事非农工作)	(2) 是否从事非农工作	(3) 月收入 (纳入是否从事非农工作)
普通话能力	0.070***	0.122**	0.067***
	(5.88)	(0.06)	(5.65)
是否从事非农工作			0.077***
			(2.50)
常数项	7.614***	−1.491***	7.603***
	(75.12)	(0.47)	(75.20)
控制变量	已控	已控	已控
可决系数	0.130 7	0.203 0	0.137 8

注：①*、**、***分别表示在10%、5%与1%的置信水平内显著。

②“(2)”列使用 probit 回归，“(1)”“(3)”列使用 OLS 回归。

③可决系数一行中，OLS 回归回报的是 R^2，probit 回归回报的是 Pseudo R^2。

回归结果显示，普通话能力对非农就业确实具有显著促进作用。在对相关变量进行控制后，普通话能力每提高一个等级，少数民族劳动力收入增加7.00%，从事非农工作的概率提高12.20%。同时，将普通话能力和是否从事非农工作纳入分析后，发现第（3）列中普通话能力的影响系数与第（1）列相比显著降低，表明非农就业在收入中具有显著的正向调节作用。由此可见，在普通话能力对少数民族劳动力收入影响的过程中，非农就业确实起到了部分中介效应，假设 H_5 在此得到了验证。随着知识经济的到来，语言文字能力成为雇主选拔人才的重要标准，普通话能力强的劳动者在求职过程中处于优势地位，同时语言畅通打破了劳动力市场在不同地域和部门的分割局面，拓宽了其就业选择空间，提高了其非农就业的可能性，有助于实现劳动力的收入增长和职业成功。

五、结论与政策建议

（一）结论

随着经济的发展与工业化进程的不断推进，劳动力市场需求不断由重数量向重质量转变，对就业人员的普通话能力及相应技能也有了更高的要求。

作为人力资本的重要形式，普通话能力对劳动力收入具有显著的溢出效应。南疆地区地理位置不占优势，民族人口聚居多，区域经济发展相对落后，语言沟通不畅阻碍了少数民族劳动力与外界的沟通交流，也影响了人力资本的积累，成为限制其收入增长的重要因素。本节基于南疆地区的调研，对少数民族劳动力普通话能力的收入效应及作用机制进行了实证分析，研究发现：

（1）普通话能力对少数民族劳动力收入有显著拉动作用，其中听、说、读、写技能对收入的影响程度在5.70％～6.80％。并且，在引入工具变量并通过倾向得分匹配法克服遗漏变量、样本选择偏误等问题后，发现结果仍是稳健的。

（2）普通话能力的分位数回归及分组回归结果显示，普通话能力对不同少数民族劳动力群体收入的影响具有异质性。普通话能力对劳动力收入的溢出效应呈边际递增趋势，收入层次越高，普通话能力的回报率越高；另外，普通话对女性及17～45岁年龄段的劳动力收入的影响更为显著。

（3）通过对普通话能力收入效应的影响机制分析发现，在市场信息不对称的情况下，普通话能力作为雇主做出“是否雇用”决策的筛选器，能够增加劳动力的信息优势和资源优势，从而使少数民族劳动力获得更多的非农就业机会，实现收入增长和职业成功。

（二）政策建议

基于上述研究结论，本节提出以下政策建议：

（1）普及国家通用语言文字教育，强调少数民族普通话听、说、读、写能力培养，提升民族地区教育质量与水平。首先，强化提升国家通用语言文字能力能有效提升少数民族劳动力增收意识，以少数民族劳动力的需求为中心，制定并实施少数民族推普发展战略，将少数民族普通话教育事业上升到国家战略层面①。其次，加大宣传力度，激发少数民族人民群众学习掌握国家通用语言文字的热情，提高文化素养，增值人力资本，实现个人语言文字教育回报的最大化。再次，创新学习渠道，如通过开设普通话学习短期培训

---

① 王兆萍，马小雪．中国少数民族劳动力普通话能力的语言收入效应［J］．西北人口，2019，40（1）：71-82.

班、使用互联网等，为少数民族群体针对性设置学习内容与进度，多途径提升少数民族劳动力普通话应用能力。最后，在普通话推广过程中，实施分类施策的推广路径与模式。在大力加强普通话培训的同时，加大对女性、中高收入层次及年轻一代少数民族劳动力的培训力度，通过增加人力资本存量的方式发挥普通话在促进收入增长及就业选择方面的作用。

（2）促进少数民族劳动力由农业部门向非农部门的转移流动，发挥非农就业对劳动力收入的溢出效应，为地区经济发展提供新动力。对此，加快民族地区产业升级调整，扩宽非农就业渠道，推动民族地区一二三产业融合发展，为少数民族劳动力提供更多的非农岗位与就业机会。除此之外，扩宽职业信息搜集渠道，逐渐消除劳动力市场障碍，加强就业培训，提升劳动力的职业技能和素养，优化人力市场资源配置效率，从源头上解决民族地区劳动力就业质量不高、就业不充分、生产率低等问题。

第三节　国家通用语言文字教育培训对兵团少数民族农村劳动力转移就业的影响研究

民族欠发达地区，特别是脱贫地区，巩固拓展脱贫攻坚成果、接续乡村振兴、实现共同富裕的任务艰巨。新疆是民族聚居地区，少数民族人口占比大，国家通用语言文字和职业技能人力资本成为少数民族农村劳动力转移就业的制约因素。2020 年新疆第一、二、三产业产值的比重分别为 14.4%、34.4%、51.2%①，而新疆农业人口占新疆总人口的 43.47%②，农村富余劳动力多，转移就业压力大。新疆农业具有气候独特、占地面广、种植规模大等优势特点，现代先进的科学信息技术逐步应用到传统农业机械化生产模式上，大田精准作业智能装备、设施农业智能装备及无人机技术在农业中广泛应用，改变了传统农业耗费大量人力的缺点③。新疆农业人口过剩，第二、三产业高技能高素质劳动力在劳动力市场供给不足，制约了产业优化升级。

① 《新疆维吾尔自治区 2021 年国民经济和社会发展统计公报》。

② 来自新疆维吾尔自治区第七次全国人口普查数据。

③ 梁斌，吕新，张泽，等．农业现代化视野下培育发展农业战略新兴产业的路径研究——以新疆生产建设兵团为例［J］．农业经济，2021（4）：3-6.

促进新疆脱贫地区和农村富余劳动力转移就业是向城镇地区第二、三产业输送劳动力，实现合理配置劳动力资源，协调发展区域经济，促进经济社会优质均衡发展的重要途径。新疆劳动力转移就业的重点是促进少数民族农业人口的转移就业。2020 年新疆少数民族人口占总人口的 57.76%[①]，少数民族人口较 2010 年第六次全国人口普查数据增长 14.27%，比全国少数民族人口 10.26%的增长率高出 4.01 个百分点。新疆少数民族人口占比大、增长率高，农业富余人口规模大，是劳动市场中劳动力供给的重要来源。对新疆民族脱贫地区及农村地区富余劳动力而言，非农就业和跨区域就业是转移就业的重要途径，转移就业有助于增加就业机会，改善就业条件，提升其收入水平。

就业技能资本积累是阻碍劳动力转移就业的一个重要因素，是否拥有转移就业的技能资本直接影响农村劳动力转移就业的概率，对其转移就业的稳定性也有较大影响[②]。在劳动力市场中，国家通用语言文字能力是劳动力进行就业信息搜寻与就业岗位获得的一项必备技能，高水平国家通用语言文字能力有利于减少语言障碍，促进劳动力的流动与人力资源市场的优化配置[③]。少数民族农村劳动力国家通用语言文字熟练度对流动意愿有重要影响，较高国家通用语言文字水平可以促进劳动力从贫困偏远的民族聚居地向发达城市流动，拥有更多就业选择。尤其对那些跨地区流动的少数民族农村劳动力来讲，熟练掌握国家通用语言文字是少数民族农村劳动力的安身立命之本，是其在城市立足的首要条件。因此，熟练掌握国家通用语言文字是创造就业机会、完成社会流动的基本要素，国家通用语言文字教育培训是提升少数民族农村劳动力获得职业发展机会的重要资本积累形式。

在工业化、信息化和城市化进程不断加快的背景下，民族地区劳动力非农转移就业和跨地区转移就业是促进劳动力要素资源优化配置的重要途径。针对少数民族农村劳动力国家通用语言文字水平不高情况，国家对少数民族

① 来自新疆维吾尔自治区第七次全国人口普查数据。

② 罗明忠，唐超，吴小立．培训参与有助于缓解农户相对贫困吗？——源自河南省 3 278 份农户问卷调查的实证分析［J］．华南师范大学学报（社会科学版），2020（6）：43－56，189－190.

③ 王兆萍，马小雪．中国少数民族农村劳动力普通话能力的语言收入效应［J］．西北人口，2019，40（1）：71－82.

农村劳动力开展各种形式的国家通用语言文字教育培训，包括集体组织的政府培训和少数民族劳动力个体的自我培训等形式，其目的就是通过教育培训提升少数民族农村劳动力国家通用语言文字能力，提升劳动力个体的人力资本，促进劳动力转移就业。本节针对国家通用语言文字教育培训的两种方式，检验培训及培训方式对少数民族农村劳动力就业的影响效应。也就是说，国家通用语言文字教育培训对少数民族农村劳动力非农就业和跨地区就业有何影响？国家通用语言文字的政府培训和自我培训对非农就业和跨地区转移就业影响有何差异？

对以上问题进行研究，评价民族地区国家通用语言文字教育的政策效应，以期为普及国家通用语言文字和促进少数民族农村劳动力就业提供政策建议。因此，本节重点研究国家通用语言文字教育培训提升少数民族农村劳动力语言文字能力对转移就业的影响，同时进一步区分政府培训和自我培训这两种语言文字技能资本投资方式的作用差异性。为解决可能存在的内生性问题[①]，运用 ERM 实证检验教育培训对就业的影响效应，并比较国家通用语言文字的政府培训和自我培训的作用差异性，以期为新疆民族地区促进劳动力转移就业及合理配置教育培训资源提供启发和参考。

一、理论分析与研究假设

（一）国家通用语言文字教育培训对少数民族农村劳动力转移就业的影响

现有的理论研究表明语言文字技能具有人力资本属性，实证分析证明语言文字技能与个体收入显著相关，劳动力所掌握的语言文字数量以及掌握的程度影响其在劳动力市场上的就业选择和专业竞争力。同时，语言文字技能资本也是获取信息资本和迁移资本这两类人力资本所必需的重要工具，掌握迁入地或主流民族语言文字技能对于增进流动人口城市融入和创业具有显著的正向影响[②]。因此，劳动力的语言文字能力是其人力资本的重要组成部分，当个体学习某一种语言文字技能时，显然已经将其作为一种重要的人力

① 罗明忠，邱海兰，陈小知．农机投资对农村女性劳动力非农转移就业影响及其异质性［J］．经济与管理评论，2021，37（2）：127－137.

② 王海兰，宁继鸣．基于个体语言技能资本投资特性的语言传播规律分析［J］．社会科学辑刊，2014（3）：95－100.

资本而进行投资。语言文字技能资本的投资收益主要包括经济收益和交际收益，二者密切联系，主要表现在语言文字技能资本的经济收益来源于通过语言文字技能提高的劳动生产率，而这种更高的劳动生产率又产生于语言的交际和获取信息功能①。且以经验事实和语言文字的交际工具属性来讲，大多数情形中劳动力选择学习某一种语言文字，目的不是或不仅是为了获取直接的经济收益，更多的学习目的是想通过掌握语言文字能力来获得信息、沟通交流的机会以及就业的选择，从而提高自身的劳动生产率。

熟练的国家通用语言文字水平和能力不仅有利于少数民族农村劳动力的就业流动和职业选择，而且有利于其获得较高职位，改善他们在城市和发达地区中所处的边缘位置和较低的社会阶层。因而，与民族语言文字相比，国家通用语言文字是一种更具价值的人力资本，其使用也更具有正外部性，在一定程度上有助于降低民族地区内以及区域外的不同民族人群交流障碍，有利于减少劳动力流动的摩擦，有利于降低少数民族农村劳动力外出工作时与城市居民或其他民族之间的交流障碍及心理隔阂，方便进行经济活动及其他活动，增加经济活动来往频率、提高信任度从而降低交易成本、增加就业机会，对劳动力转移就业有着“拉力”作用。

（二）国家通用语言文字教育培训对少数民族农村劳动力区域转移就业和非农转移就业的异质性

转移就业主要有两种形式：非农转移就业和区域转移就业。非农转移就业指的是农村户籍的劳动力转移到拥有更多就业机会的城市，从事农林牧渔业外的其他行业工作。区域转移就业指的是劳动力在其户籍外的其他省市就业。少数民族农村劳动力人力资本积累的实质就是少数民族农村劳动力使其自我价值不断实现增值和再增值的过程，表现为少数民族农村劳动力人力资本的存量和增量②。根据成本—收益理论，少数民族农村劳动力要获得知识和技能，为人力资本增加存量和增量，就必须付出一定成本，然后通过比较人力资本投资的成本与收益决定是否进行投资，以及如果投资的话在何时能

① 张卫国．作为人力资本、公共产品和制度的语言：语言经济学的一个基本分析框架［J］．经济研究，2008（2）：144－154．

② 张嫘，方天堃．农村人力资本积累指标评价——基于主成分分析法［J］．农机化研究，2009，31（12）：27－30．

达到最优投资点。语言经济学认为，虽然语言的经济效用取决于很多因素，但当处于某一个特定地区内，决定这一种语言经济效用的首要因素是该语言的使用密度。中国发达地区和欠发达地区的城市和农村均以普通话作为国家通用语言，熟练掌握国家通用语言是生产生活必备的基本技能。立足于发达城市，对于少数民族农村劳动力而言，熟练掌握国家通用语言文字是其跨地区就业的必要条件，就业的区域转移需要劳动力有更为过硬的职业技能和人力资本积累，这就意味着少数民族农村劳动力需要投入更多的时间、货币等资本来提升语言文字能力。然而人力资本积累受个人初始资源约束的影响，农村地区少数民族农村劳动力通过国家通用语言文字教育培训获得职业相关技能，投资风险更大。因此，相较于非农转移就业，区域转移就业花费的成本更高，风险更大。

（三）国家通用语言文字教育培训途径对少数民族农村劳动力转移就业的异质性

语言文字技能作为人力资本虽然依附于个体，但是其形成过程的公共性和形成后的外部性，导致从理论上看政府对语言文字技能资本投资进行干预是必然的。所以少数民族农村劳动力通过教育培训提高国家通用语言文字能力以完成语言文字技能资本积累的方式主要有两种：政府培训与自我培训。政府培训指的是为加快普及国家通用语言文字教育，降低国家通用语言文字的学习成本，地方政府不断增加教育产品在整个语言文字教育市场上的供给，通过建立专门的语言文字培训机构、广纳语言文字教育培训教师和技能培训专业人才、赠送教材、在村镇提供培训地点、商议培训时间等，免费并定期为少数民族农村劳动力培训专门的职业技能，为少数民族农村劳动力获得国家通用语言文字的教育产品和服务降低学习成本。自我培训途径有两种：一种是通过互联网、广播、电视自学，另一种是自费培训。前者虽然成本花费较少，但约束性不强，学习内容宽泛，针对性不强，后者资金约束性相较于国家培训更强。另外，选择自我培训体现了少数民族农村劳动力较强的人力资本投资意愿，一旦选择自我培训国家通用语言文字，实际上就对转移就业带来了“沉没成本”，为少数民族农村劳动力职业转换设置了更高的门槛和机会成本。可见，尽管自我培训和国家培训在本质上都是人力资本投资的过程，但实际上其蕴含的约束强弱不同，折射出少数民族农村劳动力转移就业的作用可能具有差异性。外来劳动力与城市本地劳动力工资差异的主要原因在于人力资本的差异①。转移就业成本主要包括就业成本、生存成本、交通成本、心理成本和风险成本，区域转移就业的成本比非农转移就业更高，所以区域转移就业需要劳动力积累更扎实的技能资本、付出更高的迁移成本。因此，自我培训后较高的转移就业成本使得少数民族农村劳动力可能会更倾向于非农转移就业，区域转移就业所带来的投资风险较大，自我培训对劳动力区域转移就业的作用更小；国家培训不仅能够促进少数民族农村劳动力非农转移就业，而且其较低的转移成本可能会进一步促进少数民族农村劳动力实现彻底的区域转移就业。基于上述理论分析，本节提出以下研究假设：

H_6：国家通用语言文字教育培训获得的语言文字能力显著促进少数民族农村劳动力的转移就业。

H_7：国家通用语言文字教育培训获得的语言文字能力对少数民族农村劳动力非农转移就业和区域转移就业的影响存在异质性。

H_8：政府培训和自我培训获得的语言文字能力对少数民族农村劳动力转移就业存在异质性。

二、数据来源、模型构建和变量选取

（一）数据来源

本节所用数据来源于课题组 2021 年对新疆民族地区的问卷调查数据。之所以选择新疆民族地区作为调研及问卷数据采集地，主要是因为：该地区少数民族人口多、占比达到 57.76%，聚居的民族多，有 47 个少数民族，有 13 个世居少数民族，相对贫困和农村少数民族人口众多，是国家通用语言文字推广的典型地区，其通过国家通用语言文字教育培训积累语言文字能力促进转移就业具有一定的代表性。课题组调研累计获得有效样本 1 084 个，根据本节研究需求，最终选取 757 个少数民族农村劳动力样本展开研究。

① 王美艳．城市劳动力市场上的就业机会与工资差异——外来劳动力就业与报酬研究［J］．中国社会科学，2005（5）：36-46，205.

（二）模型构建

本节旨在考察国家通用语言文字教育培训对少数民族农村劳动力转移就业的影响，二者可能存在互为因果的关系。一方面，国家通用语言文字教育培训促进少数民族农村劳动力转移就业；另一方面，少数民族农村劳动力转移就业可能会激发少数民族农村劳动力进行语言文字人力资本投资。同时，少数民族农村劳动力转移就业行为是自我选择的结果，可能受到个人偏好、能力特质等不可观测因素的影响，因而选择 ERM 以消除内生性，ERM 是国际较为前沿的处理内生性的方法①。模型构建如下：

$$Mantra_i = \alpha_0 + \alpha_1 Instru_i + \alpha_2 Train_i + \alpha_3 Indiv_i + \varepsilon_i \quad \text{（公式 4-15）}$$

$$Trans_i = \beta_0 + \beta_1 Mantra_i + \beta_2 Train_i + \beta_3 Indiv_i + \phi_i \quad \text{（公式 4-16）}$$

其中：$Mantra_i$ 表示少数民族个体 i 是否接受国家通用语言文字教育培训，$Trans_i$ 表示少数民族个体 i 是否转移就业，$Instru_i$ 表示工具变量，$Train_i$、$Indiv_i$ 分别表示少数民族个体 i 的培训特征和个体特征，α、β 表示相应变量的估计系数，ε_i、ϕ_i 为随机扰动项。

（三）变量选取

1. 被解释变量

转移就业可分为区域转移就业和非农转移就业两种形式，依据工作所在地，选取本地就业和外地就业为区域转移就业的代理变量。依据收入来源将务农收入、正式工作来源划分为非农转移就业的代理变量。

2. 核心解释变量

选取是否接受国家通用语言文字教育培训的少数民族劳动力国家通用语言文字掌握熟练程度（简写为通用语言程度）为核心解释变量。为比较不同培训形式对少数民族农村劳动力转移就业的作用差异，选取自我培训和国家培训进行检验，以确保结论的可靠性。

3. 工具变量

基于既有文献选取思路②，本节选取小时候是否接受双语教育为工具变

① 袁微．二值选择模型内生性检验方法、步骤及 Stata 应用［J］．统计与决策，2018，34（6）：15-20.

② 丁赛，阎竣．国家通用语言能力对民族地区农村劳动力非农就业的影响研究［J］．民族研究，2021（1）：52-65，140.

量。由表 4－13 可知，样本小时候是否接受双语教育对现在的国家通用语言文字掌握熟练程度有影响，满足工具变量的相关性条件；对是否转移就业影响微弱，也满足工具变量的外生性条件。

表 4－13　少数民族劳动力现在的国家通用语言文字掌握熟练情况

项目	无法交流	不熟练	一般	熟练	非常熟练
接受双语教育	0	52	170	130	76
未接受双语教育	7	100	100	79	43
合计	7	152	270	209	119

4. 控制变量

基于已有文献，进一步控制个体特征、培训特征等其他影响少数民族农村劳动力转移就业的变量。变量选取及描述性统计见表 4－14。

表 4－14　变量选取及描述性分析

变量类型		变量名称	变量定义	均值	标准差
被解释变量		区域转移就业	本地就业＝0 外地就业＝1	0.643	0.479
		非农转移就业	是否从事务农工作 （是 0，否＝1）	0.496	0.500
	核心解释变量	通用语言程度		2.555	0.963
	培训方式		自学培训＝1 公办培训＝2	1.464	0.499
	培训内容	专业技能培训次数		2.132	1.192
		专业技能培训时长		2.265	1.241
	培训结果	掌握程度			
	工具变量	小时候接受双语教育		0.786	0.411
个人特征		性别		0.573	0.495
		年龄		26.06	10.58
		学历		12.91	3.116
		婚姻		0.271	0.445

三、检验结果与分析

（一）国家通用语言文字教育培训获得的语言文字能力对转移就业影响的ERM回归结果

表4-15汇报了模型回归结果。第一阶段估计结果显示工具变量均在1%的统计水平上显著，表明工具变量具备有效性，样本小时候是否接受双语教育与其通用语言程度存在显著正相关关系。同时，样本小时候是否接受双语教育通过影响其通用语言程度对其转移就业产生影响，保证了工具变量的外生性。由表4-15可知，通用语言程度对劳动力区域转移就业和非农转移就业具有显著促进作用。因此，通过国家通用语言文字教育培训获得的语言文字能力使少数民族农村劳动力可以从中获得“语言红利”，为其就业选择及顺畅流动提供了非常有利的语言文字技能支持，拓宽了其就业渠道，从而呈现劳动力区域转移就业和非农转移就业的特征。

表4-15　国家通用语言文字教育培训获得的语言文字能力对转移就业影响的ERM回归结果

变量	区域转移就业	非农转移就业
	第一阶段	
工具变量	0.405***	0.408***
	(4.86)	(4.87)
控制变量	已控	已控
	第二阶段	
通用语言程度	0.092***	0.191***
	(1.60)	(1.88)
通用语言培训途径	0.142***	0.141***
	(5.03)	(5.28)
技能培训次数	0.034**	0.040***
	(2.11)	(2.64)
技能培训时长	0.022	0.014
	(1.26)	(0.83)

（续）

变量	区域转移就业	非农转移就业
性别	0.023	−0.023
	(0.75)	(−0.78)
学历	0.015**	0.009*
	(2.52)	(1.66)
年龄	0.001	0.002
	(0.45)	(0.99)
婚姻	−0.143***	−0.067
	(−2.86)	(−1.42)

注：*、** 和 *** 分别表示在 10%、5%和 1%统计水平上显著，括号内为稳健标准误。为节约篇幅，第一阶段估计中的控制结果省略。

（二）国家培训和自我培训获得的语言文字能力对劳动力转移就业影响的作用差异

由表 4-16 可知，接受国家培训与自我培训对少数民族农村劳动力转移就业的影响作用具有差异性。具体而言，接受国家培训与自我培训对少数民族农村劳动力区域转移就业和非农转移就业的作用均呈现正向影响，但通过自我培训获得的通用语言程度对少数民族农村劳动力转移就业的影响显然小于通过国家培训后通用语言程度对少数民族农村劳动力转移就业的影响。此外，国家通用语言文字教育培训对少数民族农村劳动力非农转移就业的影响大于区域转移就业的影响。其原因可能是：在选取的样本中自我培训主要通过电视、广播、互联网等媒体来实现，没有时间频次的限制，完全靠自我意愿学习，然而繁杂多样的学习内容与学习信息潜移默化地影响学习的真正目标，容易造成目标与能力的失衡；而国家培训是免费的，且选择的时间基本在劳动力闲暇期间，地点就近，不需要少数民族农村劳动力付出货币投资，仅需提供少量的非货币投资，且国家培训是政府有组织有目标地提供给少数民族农村劳动力专业技能的培训，旨在培养其语言文字能力，增进其专业技能，以增强其在人力资本市场中的竞争力。总的来说，国家培训更加系统和专业化，且成本低，少数民族农村劳动力掌握国家通用语言文字的程度更好，更有利于促进其转移就业。

表 4-16　国家通用语言文字教育培训途径对转移就业影响的 ERM 回归结果

变量	区域转移就业	非农转移就业
通用语言程度（自我培训）	0.041	0.195***
	(0.28)	(1.28)
通用语言程度（国家培训）	0.132***	0.257***
	(1.02)	(1.75)
控制变量	已控	已控

（三）稳健性检验

为确保前文回归结果的可靠性，进一步采用 IVprobit 法替换 ERM 进行稳健性检验。表 4-17 的回归结果与前文具有一致性，表明接受国家通用语言文字教育培训后少数民族农村劳动力的通用语言程度对其转移就业具有显著正向影响，证实本节的研究结论具备稳健性。

表 4-17　教育培训获得的语言文字能力对转移就业的稳健性检验结果

变量	区域转移就业	非农转移就业
	第一阶段	
通用语言程度	0.103***	0.203***
	(1.21)	(2.64)
	第二阶段	
通用语言程度（自我培训）	0.048	0.174***
	(0.34)	(0.75)
通用语言程度（国家培训）	1.447***	0.245***
	(1.00)	(1.07)
控制变量	已控	已控

同时，采用 IVprobit 法替换 ERM 就选择自我培训和国家培训的少数民族农村劳动力的通用语言程度对其转移就业的影响作用差异进行稳健性检验，发现第二阶段的回归结果与前文基本具有一致性。通过自我培训和国家培训获得的语言文字能力均对少数民族农村劳动力的非农转移就业有显著正向影响，通过自我培训获得的语言文字能力对少数民族农村劳动力的区域转移就业有正向影响但不显著，通过国家培训获得的语言文字能力

对少数民族农村劳动力的区域转移就业有显著正向影响。证实本节的研究结论具备稳健性。

四、结论与政策建议

(一) 结论

国家通用语言文字教育培训获得的语言文字能力为少数民族农村劳动力转移就业提供了良好契机和动力，进一步优化了少数民族农村劳动力转移就业的条件。本节基于新疆民族地区劳动力的问卷调查数据，运用 ERM 实证检验了国家通用语言文字教育培训对少数民族农村劳动力区域转移就业和非农转移就业的影响，并进一步考察了国家培训和自我培训对少数民族农村劳动力转移就业影响的作用差异。得出以下结论：

(1) 国家通用语言文字教育培训获得的语言文字能力正向影响少数民族农村劳动力转移就业。少数民族农村劳动力通过国家通用语言文字教育培训获得的语言文字能力能显著促进自身非农转移就业和区域转移就业。

(2) 国家通用语言文字教育培训获得的语言文字能力对转移就业形式存在异质性。少数民族农村劳动力通过国家通用语言文字教育培训获得的语言文字能力对非农转移就业的影响大于区域转移就业的影响。

(3) 国家通用语言文字教育培训不同途径获得的语言文字能力对少数民族农村劳动力的转移就业存在异质性。通过国家培训获得的语言文字能力对少数民族农村劳动力非农转移就业和区域转移就业均具有显著正向影响。通过自我培训获得的语言文字能力对少数民族农村劳动力非农转移就业具有显著正向影响，对区域转移就业影响不显著。

进一步采用 IVprobit 法替换 ERM 进行稳健性检验，结论仍然成立。

综上所述，从微观的人力资本角度看，本节的研究证实了少数民族农村劳动力参与国家通用语言文字教育培训是对其知识和技能的一种投资，能带来经济收益。也就是说，少数民族农村劳动力的国家通用语言文字能力越强，其越容易找到非农就业机会，也越容易跨越地区的限制外出工作。从宏观层面看，国家通用语言文字能力越强，少数民族农村劳动力非农转移就业和区域转移就业的可能性越大，更有利于民族间交流融合，从而铸牢中华民族共同体意识；此外，富余劳动力合理流动，积极参与社会生活，有利于维护边疆社会稳定，保障国家安全。这也符合我国在民族地区推广普及国家通用语言文字的政治、社会和经济意义。

（二）政策建议

国家通用语言文字作为一种公共产品，其外部性的特质会产生示范效应，加快区域人力资本的积累。无论是在个体人力资本投资方面，还是在地区经济发展、城市现代化建设方面，在民族地区进行国家通用语言文字教育培训都是必不可少的。少数民族农村劳动力投资语言文字人力资本是为了提高语言文字能力，转移就业的目的是获得更多就业机会和便利的就业条件，归根结底是要获得更多的收益，但未来的收益容易被不确定性因素影响，这种不确定性因素也是少数民族农村劳动力语言文字人力资本投资存在风险的重要原因之一。所以需要政府加大就业支持政策力度，建设少数民族农村劳动力就业服务的系统工程，帮助少数民族农村劳动力积累就业技能的各项资本，提高就业能力，促进转移就业，适应职业变化，实现劳动力资源的优化配置和调整，促进化解社会矛盾。另外，由于少数民族农村劳动力没有多余的财富资源，也几乎没有投资语言人力资本的选择，所以国家主导语言文字教育培训必然是政府制定公共教育政策的重要依据。

1. 激发少数民族农村劳动力参与国家通用语言文字教育培训动力及主动性

劳动力市场产生需求，第二、三产业劳动力收益高，劳动力才会有更高的参与培训意愿。一方面，新疆城镇规划和发展好各地的核心产业，形成具有竞争优势的特色产业集群，吸纳更多的少数民族农村富余劳动力，从而增强少数民族农村劳动力转移就业意愿，激发其语言文字人力资本的投资。另一方面，加快新疆城镇化、工业化、信息化建设，扶持各种所有制经济的发展，尤其是小微企业的发展，并且积极发展城镇中个体私营等非公有制经济和旅游业、民族手工艺业等第三产业，通过增加就业岗位来扩大就业总量，从而实现少数民族农村劳动力的转移就业。

2. 强化国家通用语言文字教育培训与职业技能培训结合

在新疆民族地区，政府应更加重视国家通用语言文字教育，重点应在国家通用语言文字教育培训结合职业技能培训，培训内容增强对市场的适应能力；同时提高培训质量，开展各种技能培训，为参加培训并经考试合格的成员发放职业技能资格证书，实行职业技能资格证书制度。另外，国家通用语言文字的普及使个体劳动者国家通用语言文字能力提升，会产生示范效应，带动一个群体或区域国家通用语言文字水平整体提高，从而加快一个群体或区域人力资本水平的积累，这样的外部环境更能激发少数民族劳动力参加国家通用语言文字教育培训的积极性。

第五章 国家通用语言文字教育政策效应下兵团少数民族劳动力就业的案例研究

第一节 兵团师市团场国家通用语言文字普及推广的典型案例——以第三师图木舒克市为例

一、案例描述

兵团第三师图木舒克市地处新疆南部，下辖15个农牧团场，总人口达23.5万人，是兵团民族聚居人口最多的师市。为贯彻落实以习近平同志为核心的党中央治疆方略和对兵团的定位要求，充分发挥国家通用语言文字在增强中华民族共同体意识、提高职工群众思想文化素质、增强职工就业创业能力等方面的重要作用，第三师图木舒克市认真贯彻落实《兵团办公厅关于印发〈兵团少数民族职工群众国家通用语言文字培训实施意见〉的通知》（新兵办发〔2018〕20号）和《关于印发〈兵团少数民族职工群众国家通用语言文字培训工作方案（2018—2020年）〉的通知》（兵教发〔2018〕56号）文件要求，坚持行政主导、突出重点、分类实施、讲究效果，扎实开展推广普及国家通用语言文字工作。对学校（义务阶段教育）和少数民族职工群众两大群体进行重点培训，逐步实现国家通用语言文字教育全覆盖。少数民族职工群众是第三师图木舒克市劳动力的重要组成部分，截至2022年底，符合培训条件的少数民族职工群众总数为41 709人，参与培训达39 350人次，其中35岁及以下群体22 494人、36～45岁群体13 771人、46～60岁群体3 064人，国家通用语言文字教育培训覆盖率达94.34%。但仍存在36岁以上少数民族职工群众文化程度不高，国家通用语言文字能力较差的现象。

二、第三师图木舒克市国家通用语言文字教育培训情况

（一）党建引领，压实各方责任

1. 建立考核制度

调整基层党建述职评议以及“访惠聚”驻连（村）工作队考核制度，将落实开办职工夜校、组织职工群众学习国家通用语言文字纳入考核评分细则并保证一定比重，充分发挥考核评分细则的“指挥棒”作用，为开展职工群众学习国家通用语言文字工作奠定制度基础。

2. 严格落实考核制度

进一步压实“访惠聚”驻连（村）工作队培训责任，创新考核方式，把年底述职、综合考评、工作调研、日常检测结合起来，确保国家通用语言文字教育培训工作得到落实。

3. 注重常规工作落实

将学习国家通用语言文字纳入基层党组织重要工作日程，各级领导干部尤其是党组织书记、“访惠聚”驻连（村）工作队队员等带头上讲台，每年至少授课2次；“访惠聚”驻连（村）工作队队长、连队（社区）第一书记、党组织书记每周至少对30%参加学习培训的职工群众的作业、听写和口语测试情况进行抽查。

（二）聚焦重点人群

为进一步加强国家通用语言文字教育培训，对重点人群进行了重点强化培训。首先，利用《我要学国家通用语言》（上、下册）为基础教材，按照学员国家通用语言基础和水平进行分班，因人施教，强化口语的学习。其次，对于年龄大、文化程度低的学员进行单独分班学习。加强职工培训学校在电教设备上的基础设施建设，从而保障学员的学习效果。除了坚持对学员开展每周一小考、每月中考、每季一大考的测验外，还为学员们开展了有关国家通用语言的演讲比赛、诗歌朗诵等活动，不断提高学员对于国家通用语言学习的积极性和主动性。对于危安类刑满释放人员和一般刑事类刑满释放人员，通过职工培训学校进行教育教学。同时，根据学员们“冬季农闲”这一特征，开展由第三师图木舒克市党委、政法委牵头组织实施的冬季大练兵活动，对重点团场职工群众进行集中培训，并邀请相关部门进行授课，开设

学通用语言、学政治、学法律、学技能和去极端化教育。学员们通过扎实的学习，从入学时93%的学员不会讲国家通用语言，达到现在67.2%的学员能够识别500～1 000字、26.7%学员能够识别1 000～2 000字、6.1%学员能够识别2 000字以上的成效。不仅如此，学员们的行为规范以及整体素质都得到了较大提升。

（三）创新方式，国家通用语言文字教育培训与就业技能培训相结合

坚持以提高少数民族劳动力就业技能为目标，融入国家通用语言文字教育培训提升效果。培训内容紧贴对职工群众的思想政治教育和日常生产生活实际。结合第三师图木舒克市产业结构调整需求，紧跟团场发展果蔬园艺和畜牧养殖的工作思路，将牛羊养殖、红枣栽培、棉花种植等列入培训项目，并结合少数民族特色培训项目，将维吾尔族花帽制作和手工钩织等专项职业能力工种纳入培训范围，采取“短、平、快”的培训模式，理论与实操相结合，技能与国家通用语言文字紧密衔接，大大提高了学员参加培训的积极性，取得良好成效。

针对少数民族富余劳动力技能单一、家庭收入较低、转移就业困难等现状，紧密结合少数民族劳动力的就业意向，组织开展民族餐饮等专项职业能力培训。2018—2020年，通过开展“科技之冬”培训等多种形式组织少数民族职工群众参与到培训中，同时将国家通用语言文字教学融入其中，将“要我学”转变为“我要学”，3年来累计开展薄皮包子制作、大盘菜制作和馕制作等专项培训20余期，培训人数达1 000余人。

此外，有序推进少数民族富余劳动力的转移就业。着重解决了44团、51团、53团等民族聚居团场富余劳动力就业难的问题，有选择性地加强对少数民族富余劳动力的培训，并在转移就业前开展为期一周的国家通用语言文字、相关组织纪律和法律法规的学习培训，增强其转移就业能力和语言交流能力。

（四）结对帮教，开展“民族团结一家亲”活动和宗教管理工作

1. 开展结对帮扶培训

9 656名干部与26 972户少数民族进行结对认亲，实现结亲全覆盖。充分利用结亲干部的优势和力量，通过入户走访和结亲住户进行国家通用语言文字教育和交流，开展送书籍、送报纸、送党的惠民政策，把日常生活中必

备知识技能（含家庭生活、卫生健康、用电、出行等方面）和公民常识（含国旗、国歌、国徽、首都、宪法、民法典等知识和基本的社会交往礼仪）教授给他们，在提升少数民族国家通用语言文字能力的同时，更好地融合“民族团结一家亲”。

2. 加强宗教管理工作

制定了《第三师图木舒克市驻连管寺干部“双语”学习考核暂行办法》，开展驻连管寺干部与宗教人士“一对一”“多对一”模式的学习培训。通过第一季度的考核发现，学员整体国家通用语言文字能力较好，其中，113 名驻连管寺管委会干部和 23 名宗教人士考核优秀率为 35.79%，合格率达 100%。除此之外，常态化开展驻连管寺干部入户走访工作，与少数民族职工群众使用日常用语进行交流，实现了二者间的双向学习，为提高学员的日常交流能力带来促进作用。

（五）组建队伍，打造“四个宣传主阵地”和“五个文化主阵地”

各团场党委通过成立“讲师团”培养宣传文化队伍，每个“讲师团”都由团领导担任团长，党委成员全部参与其中。连队“两委”和“访惠聚”工作队是主要牵头力量，每个连队均成立“草根宣讲团”，通过采取入户面对面宣讲和集中宣讲等方式进行国家通用语言文字教育培训和文化宣传。内容围绕党的惠民政策、“三新生活”、庭院经济、国家通用语言文字教育培训等方面展开，用通俗的语言引导职工群众感党恩、听党话、跟党走。

三、第三师图木舒克市国家通用语言文字教育培训成效

按照兵团相关文件精神要求，2020 年 12 月 12 日、13 日组织 16 个农牧团场共计 12 802 名少数民族职工群众参加年度国家通用语言文字水平监测工作，其中：初级班 5 622 人，平均分 78 分，合格率 80%，优秀率 34%；中级班 4 404 人，平均分 79.83 分，合格率 87%，优秀率 27.7%；高级班 2 776 人，平均分 83.3 分，合格率 86.2%，优秀率 46.6%。

随后根据第三师图木舒克市领导安排，2021 年 1 月 26 日至 2 月 1 日对 44 团、49 团、51 团、53 团、东风农场、红旗农场、伽师总场 7 个重点团场 38 个连队（社区）3 795 名少数民族职工群众以“笔试＋口语考试”的形式开展国家通用语言文字培训考核工作。本次实际考核 3 553 人，基本完成年

度监测考核，其中：初级班 2 130 人，平均分 80.02 分，优秀率 39%，合格率 89.74%；中级班 1 423 人，平均分 75.33 分，优秀率 16.2%，合格率 84.5%。

四、调研结果及改进策略

（一）调研结果

本次对第三师图木舒克市国家通用语言文字教育培训工作进行调研，发现第三师图木舒克市开展的国家通用语言文字教育培训工作具有较为完整的培训体系，培训效果较好。主要成效方法表现在：①政府牵头，各级领导干部尤其是党组织书记、“访惠聚”驻连（村）工作队队员等带头授课。组建“讲师团”，入户与少数民族人民群众进行面对面交流。通过结对帮教、开展“民族团结一家亲”等活动提升少数民族人民群众国家通用语言文字能力。②完善的考评制度和丰富的培训形式，保障了国家通用语言文字教育培训效果。③重视少数民族人民群众国家通用语言文字能力与其就业技能之间的影响关系，培训内容贴近学员的生产生活，展开专项职业能力培训。

整体来看，第三师图木舒克市开展的国家通用语言文字教育培训效果较好，但教育培训过程中仍存在以下问题：①培训时间存在冲突。因团场推行职工多元化增收，应参加培训人员存在晚上加班创收或在夜市摆摊创收情况，连队在组织和管理上面临现实问题，导致每晚参加培训的学员人数不稳定。②对学员的奖励机制、考评考核还不够完善，导致学员们积极性不强。③团场连队培训人员多，培训场所有限，目前只能分批开展培训，培训周期较长。

（二）改进策略

为使少数民族职工群众国家通用语言文字教育培训工作得到进一步完善，第三师图木舒克市应严格按照《第三师图木舒克市团场职工群众国家通用语言文字培训实施方案》要求，创新工作方式进一步规范培训制度，组织实施分层教学，强化培训管理，以发挥职工群众的主观能动性。具体措施如下：

1. 结合教学实际，制定完善教学管理办法

制定完善教员的考核奖惩办法和职工群众培训的教学纪律、管理制度、

考勤制度等。

2. 加大奖惩力度，营造学习国家通用语言文字的良好氛围

对守时守纪律、表现良好的学员通过每周一升旗仪式进行表彰，采取发放生活必需品的方式开展正向激励，提高学员的学习积极性。

3. 开展内容丰富、形式多样的培训活动

与宣传党的二十大精神、第三次中央新疆工作座谈会精神、兵团党委七届八次全会精神，以及促进就业、常态化开展活动等相结合。

4. 持续加大对各单位国家通用语言文字教育培训的检查指导力度

进一步强化沟通协作，共同研究、协调和解决培训过程中的重要问题，健全常态化检查指导机制，按照“谁主管、谁负责”的原则，做好各单位国家通用语言文字教育培训月考核、季考核、年终总结工作。建立完善国家通用语言文字教育培训台账，做好各单位国家通用语言文字教育培训考核的巡视、整理、归档工作。

第二节 职业学校、培训机构等国家通用语言文字教育培训的典型案例——以第一师阿拉尔市天鑫职业技能培训学校为例

一、案例描述

兵团第一师阿拉尔市位于天山南麓中段、塔里木盆地北部，辖 16 个农团场。2019 年末，第一师阿拉尔市总人口数达 40.9 万人，其中少数民族 4.7 万人，约占总人口数的 11.49%。为实现社会稳定和长治久安总目标，第一师阿拉尔市于 2019 年起着重开展少数民族人民群众的国家通用语言文字教育培训工作，在少数民族人民群众居住的团场、乡镇设立了 7 个国家通用语言文字教育培训点：托喀依乡、1 团、4 团、5 团、10 团、11 团、13 团。其中，第一师阿拉尔市天鑫职业技能培训学校经过招标，承担起此次培训任务，不仅其培训效果得到了第一师阿拉尔市党委统战部、教育局领导的认可与肯定，其还受到第一师阿拉尔市电视台的专项采访。

二、天鑫职业技能培训学校国家通用语言文字教育培训情况及策略部署

（一）培训基本情况

天鑫职业技能培训学校于 2019 年 4 月在第一师阿拉尔市成立，该校主要经营业务包括：农作物植保员、汽车维修工等职业的初、中级培训，农业技术推广服务，信息咨询服务，会计咨询服务，公共就业服务，职业中介服务，公共事业管理等活动。与此同时，天鑫职业技能培训学校还承担起 10 团、11 团、13 团、托喀依乡 18～45 岁少数民族群体的国家通用语言文字教育培训工作，培养人数近 600 人次。

2019 年 11 月天鑫职业技能培训学校对 11 团、13 团、托喀依乡正式开班授课，随后的 12 月 10 团也加入了此次开班教学。由于学校场地有限，10 团、11 团、13 团各成立一个班进行培训，托喀依乡分成 4 个班进行培训。按照第一师阿拉尔市党委统战部、人社局、教育局联合下发的文件要求，每次国家通用语言文字教育培训课程的时长为 50 天，包含技能培训 10 天。为保证国家通用语言文字教育培训课程开设质量，天鑫职业技能培训学校在每个班级都配备国家通用语言文字教师一名和班主任（管理人员）一名，国家通用语言文字教师要求具有大专以上学历并持有教师资格证或者普通话二级乙等以上证书。所开设的国家通用语言文字教育培训课程教学内容主要以人教版小学一二年级的语文教材为主，同时定期会对所有学员进行实时政策的教学，尤其是党的十九大精神、去极端化教育、国家惠民政策、兵团精神、民族团结、法律法规等方面。教育培训以脱产、全日制面授的教学方式进行，用学员喜闻乐见的方式组织教学，设置唱红歌、体育锻炼等课程，重点培养少数民族人民群众听、说的能力（表 5－1）。

表 5－1　天鑫职业技能培训学校国家通用语言文字教育培训情况

培训情况	10 团	11 团	13 团	托喀依乡
培训人数	100 人	115 人	130 人	200 人
分班情况	一个班	一个班	一个班	4 个班
开班时间	2019 年 12 月 2 日	2019 年 11 月 25 日	2019 年 11 月 25 日	2019 年 11 月 25 日

（续）

培训情况	10 团	11 团	13 团	托喀依乡
培训时长	培训时长为 50 天 （含 10 天的技能培训）			
师资配备	国家通用语言文字教师一名、班主任一名 （大专以上学历、持有教师资格证或普通话二级乙等以上证书）			
培训内容	人教版小学一二年级的语文教材，实时政策及民族团结教育等			
培训方式	脱产、全日制面授			

（二）策略部署

1. 建立机构，落实责任，完善制度

为保障国家通用语言文字教育培训质量，天鑫职业技能培训学校成立了以校长为组长的国家通用语言文字教育培训工作巡查小组，督查国家通用语言文字教育培训班管理人员、教师的培训工作，把国家通用语言文字教育培训工作的范围、内容、目标和责任进行明确，并与教师签订目标管理责任书，明确教师的职责、任务、目标。

2. 认真备课，因人施教

为使培训工作真正落到实处，抓出实效，天鑫职业技能培训学校对参加培训人员进行了摸底测试，将人员划分不同层次。将口语考试、笔试成绩较差的人分为一个班，成绩一般的分为一个班，成绩较好的分为一个班，并让成绩好的帮扶成绩差的，要求平时交流全部使用国家通用语言文字，为他们塑造一个良好的语言环境。在教师的选聘、课程的安排上精心部署，采取由浅入深、循序渐进的教学方法，从汉语拼音、识字、组词、造句等基础内容学起，并开设阅读和听力课程，旨在提高学员的认、读、听、写能力。

3. 建立国家通用语言文字教育培训档案

天鑫职业技能培训学校为每位学员建立国家通用语言文字教育培训档案，载明其学历教育情况和受培训情况，全面掌握每个学员培训学习成效。档案里有学员信息表、身份证复印件、考勤记录、平时成绩、作业本样本、结业登记表、合格证书复印件等，便于以后查询。

4. 做好后勤保障，让学员学习无忧

天鑫职业技能培训学校为学员全面做好后勤保障，如提供可口干净的午饭、饮用水等，使学员在学习上无后顾之忧。

三、天鑫职业技能培训学校国家通用语言文字教育培训方法及成效

（一）主要培训方法

1. 不断更新培训理念，创新培训方法

第一，在有条件的单位通过投影展示，使教学过程更加生动形象，增强对广大学员的吸引力。第二，通过案例、研讨、互动、情景模拟等教学方式，使学员参与到整个教学过程中，确立学员的学习主体地位，有力地增强学员的学习思考能力。通过教学评估等对教学内容和教学过程严格把关，提高授课质量。第三，把教师按照教学内容、目标和要求进行的单元测试成绩与通过组织听课、座谈会、读书读报会等活动掌握国家通用语言文字学习情况结合在一起，对教学效果定性分析，实行动态管理。总结经验，找出差距，制定对策。同时让学员实行“一帮一”“一帮二”，营造互帮互学的氛围，创造相互交流的语言环境。

2. 增加培训内容，提高培训水平

根据团（乡）实际及培训人员现状，因地制宜增设培训课程。将兵团精神及文化建设、新疆历史及文化、民族宗教、社会管理等内容纳入教学内容，使培训贴近师市、团（乡）的需求，贴近少数民族职工群众实际，贴近学员需求。同时发放满意度调查表，征求学员意见，了解培训需求，提高培训内容的针对性和科学化水平。

3. 发挥职能作用，扩大培训规模

天鑫职业技能培训学校主动与驻连管寺工作人员进行联系，邀请其为村民讲解去极端化、民族宗教政策、党的惠民政策等内容。在内容上着重 3 个方面的学习。一是加强爱国主义教育。突出以中国特色社会主义理论体系为中心的理论教育，用党的十九大精神武装学员头脑，宣传党的路线方针政策，通过教学、管理、讨论等培养学员遵守纪律、自主学习的习惯，组织学员通过劳动、比赛等增强团队意识和奉献精神。二是始终强调学习国家通用语言文字的重要性。让学员知道学习、掌握、使用国家通用语言文字是作为

公民的基本义务，是爱党、爱国、爱社会主义的具体表现，是民族团结、促进社会稳定的迫切需要，是促进各族人民群众广泛就业、解决民生问题、推动经济发展和社会进步的形势需要。三是加强民族团结教育。宣传“三个离不开”的重要思想，牢固树立“团结是福、分裂是祸”的民族团结意识，强调语言相通可以让各族人民群众互相之间多一份尊重、多一分理解、多一份包容，加强民族团结有助于共建一个各民族相亲相爱的新世界，为实现新疆社会稳定和长治久安贡献力量。

（二）培训成效

经过天鑫职业技能培训学校50天的国家通用语言文字教育培训，接受培训的职工群众从思想认识上发生了转变，学习国家通用语言文字的积极性和主动性高涨，由培训初期的“要我学”向“我要学”转变。许多学员能主动把所学国家通用语言文字知识运用在实际工作和生活中。如：认读路牌、广告牌的汉字，与家人一起学习国家通用语言文字，收听收看汉语广播、电视节目等。此外，学员们的认、读、听、写能力有了长足的进步。经过培训，大部分学员都能听懂国家通用语言日常用语，能用汉字书写请假条、借据、留言条等常用文书。经过第一师阿拉尔市党委统战部、教育局组织工作人员以口试加笔试的方式考核，合格率达到98%。

四、调研结果及改进措施

（一）调研结果

此次调研发现，天鑫职业技能培训学校作为第一师阿拉尔市国家通用语言文字的重点培训基地，其培训效果较为突出。首先，天鑫职业技能培训学校具有完备的师资力量和培训场地，可以为学员提供良好的教学环境，对学员进行全日制脱产教学，教学成果显著。其次，培训内容较为丰富，用学员喜闻乐见的方式组织教学，重点培养学员听、说能力。为每位学员构建培训档案，对平日里的考核成绩进行归纳总结，能够较好地反馈于学员。

但通过调研发现，天鑫职业技能培训学校在推行国家通用语言文字教育培训的过程中也存在以下困难：①培训对象年龄跨度较大。培训学员的年龄跨度从18～50岁不等，年龄跨度较大导致接受培训内容的程度很难统一，在一定程度上给培训工作带来了不便。②培训对象的文化程度不同。有大、中专毕业的，有初中毕业的，也有小学毕业的，甚至还有一部分学员是没上过学的。其中大、中专毕业的比例约为 1.5%，初中毕业的比例约为 30%，小学毕业的约为 40%，文盲（没上过学的）约为 28.5%。经调查，90%的学员没使用过电脑，92%的学员家庭中没有电脑，因此对培训工作的开展带来难度。③培训班次设置具有一定的局限性。尤其是在连队的培训班，由于场地的限制，不能够分班教学，所有学员都在一个教学班，老师不能按照学员的年龄、文化程度展开分班教学，导致会的学员不愿听、不会的学员学习困难。④在培训内容上，理论方面的内容讲授得多，联系本地实际情况不够，解决问题的方法性的内容不多。⑤聚集人员参加培训有一定困难。参与培训的学员基本上是家里的主要劳动力，有的需要种地，有的需要养羊，有的还在社区工作或在工厂打工，很多学员需要负责棉花、红枣的采收和羊群的放养等工作，因此全日制脱产式的教学形式实施起来较为困难。

（二）改进措施

1. 分时段、分年龄展开培训

一是可以利用 11—12 月“冬闲”的月份开展集中培训。11 月集中 18～30 岁的人员进行培训，可以根据学员自身水平开展课程难度较大的培训。12 月安排 31～40 岁的人员接受课程难度稍浅的培训。二是可以分时段、分文化程度来展开培训。如 11 月可以开展初中及以上学历人员的培训，12 月可以开展小学文化程度人员的培训，1 月份可以开展 40～45 岁小学文化程度和没上过学人员的培训，同时根据年龄、层次进行考核。

2. 做好培训班次的设置工作

如果按照分时段、分年龄、分文化程度开展培训，班次的设置就会变得更加合理。可以选择场地较大、房间较多的地方进行培训，解决学员吃住问题，还可以根据学员的培训效果和接受程度来分班教学，因材施教，设置不同的培训方案，使学员们能够学有所获。

3. 积极改革培训内容，丰富课堂教学

首先，合理设置课程，可以通过设置音乐课、体育课、讨论课等课程提高学员的学习兴趣。其次，理论联系实际，要把晦涩难懂的理论与学员切身体会和生产生活联系在一起。最后，在教学中形成竞争机制，积极鼓励学员进行交流，定期召开学习研讨，切实提高培训质量。

第三节 企业公司等用人单位国家通用语言文字教育培训的典型案例——以第一师阿拉尔市洁丽雅·新疆新越丝路有限公司为例

一、案例背景

洁丽雅·新疆新越丝路有限公司（以下简称“洁丽雅公司”）成立于2011年6月，是浙江洁丽雅毛巾有限公司在第一师阿拉尔市投资兴建的大型品牌产业生产研发基地，生产流程集纺纱、织造、染整、物流于一体，涵盖整个全棉产业链。洁丽雅公司位于阿拉尔一号工业园，注册资本1.2亿元，占地面积约167公顷，总投资25亿元，计划建设年产2万吨中高档毛巾、30万锭毛巾特种用纱、10万锭倍捻、6万吨染整生产线。作为浙江省产业援疆示范基地项目、第一师招商引资骨干企业，项目第一期1万吨毛巾生产线、5万锭纺纱生产线已经于2015年9月23日正式投产。项目全部达产后，可实现年产值50亿元、利税5亿元，提供8 000～10 000个就业岗位，同时洁丽雅集团也将完成在祖国东部、中部、西部的产业布局，成为世界上规模最大的毛巾生产企业。洁丽雅公司始终秉承集团“打造百年经典企业、勇攀世界品牌高峰”的理念，以“打造产业援疆示范企业、创建民族团结示范企业”为目标，“用世界最好的棉花、做世界最好的产品”，为广大消费者提供最优质的产品和服务，为员工营造健康快乐、安心舒适的成长舞台。

二、创新用人理念，以产业促进就业

（一）为少数民族提供岗位机会

南疆地区少数民族劳动力资源丰富，但普遍存在语言不通、文化素质不高、劳动技能欠缺、劳动纪律薄弱的现象。将少数民族同胞从农牧民培养成为合格的产业工人充满困难，这也是一些企业不愿意使用少数民族员工的原因。洁丽雅公司集团董事局主席石昌佳力排众议，明确提出：“决定新疆基地成功与否的关键，就是能否成功地大量招收并使用好少数民族员工。这不仅是企业能否真正融入当地、实现健康发展的根本所在，也是企业响应国家

‘发展新疆纺织服装产业，促进百万人就业’的社会责任所在。”在此思路下，洁丽雅公司决定把60%以上岗位提供给少数民族人民群众，并主动深入周边县市乡村和大、中专院校广泛宣传，采用人带人、网络和社交新媒体、政府和学校集中组织等方式积极拓宽招工渠道。截至2020年7月，洁丽雅公司与第一师阿拉尔市周边团场、乡镇及阿克苏市、图木舒克市、和田市的部分团场和克孜勒苏柯尔克孜自治州的县市建立了长期稳定的少数民族劳务合作关系。洁丽雅公司总人数近2 000人，其中维吾尔族、柯尔克孜族、蒙古族、彝族等少数民族员工比例达到70%以上。

（二）建章立制，全面统筹民族团结工作

针对公司少数民族员工比例较高的实际，以及在管理中出现的一系列文化差异、团队融合等具体情况，洁丽雅公司党支部和行政高层领导以高度的政治敏锐感和责任心，全面统筹内部民族团结工作，明确提出“一手抓生产经营，一手抓民族团结稳定；两手抓，两手都要硬”的工作指导方针。

洁丽雅公司组建了由公司党支部书记（公司总经理）为组长，行政配合，工会、团委共同参与的民族团结工作领导小组，创建“双通道”管理模式，开展了以“帮一对十”为重心的民族团结共建活动，并根据新疆维吾尔自治区、兵团和第一师阿拉尔市民族团结活动指导方针，制定了民族团结行动指南、工作方案和考核办法，从而将民族团结工作纳入全公司中心工作，与经济工作同安排、同部署、同检查、同考核。形成了党支部统筹牵头、公司分管领导具体抓、全体员工积极参与的工作格局，增进了员工之间的沟通、交流，做到了全体员工思想教育管理全覆盖，从而为深入推进民族团结工作奠定了坚实的基础。截至2022年底，帮扶结对少数民族员工覆盖面已达到90%以上。

（三）倾力培训工程，破解培养难题

企业要正常运营，就必须要有一批合格的产业工人。企业要使用好少数民族员工，就必须培养出一批少数民族骨干。为此，建厂之初，洁丽雅公司选派50名有一定文化基础和懂双语的少数民族员工远赴浙江和湖北基地培训，经过2年多的培训，这批少数民族员工基本克服语言、文化、生活习惯等障碍，掌握了一定的生产技能，成为公司一期项目投产运行的骨干。

随着大量新员工的加盟，洁丽雅公司充分认识到：要培养合格的少数民族产业工人，就必须建立在语言培训基础上的技能培训模式。因此，洁丽雅公司结合实际生产需要，自主翻译、编印各类双语教材2万余册，普及开展以国家法律、法规、政策、企业文化和技能、安全教育等培训，累计超过8 000名少数民族学员通过培训，有效提升了汉语表达能力和纺织专业基础知识水平。

同时，洁丽雅公司利用浙江省援疆平台，与阿克苏职业技术学院、阿克苏地区高级技工学校、第一师阿拉尔职业技术学校签订校企合作协议，开设“洁丽雅少数民族纺织班”。并出资500万元设立“洁丽雅少数民族青年就业促进基金”，奖励优秀学生，资助困难学员。

（四）润物无声，在交流交往中推动民族融合

洁丽雅公司不仅建立健全了民族团结工作领导体制，而且注重从每一个细节入手，从每一件小事着眼，如春风化雨般将民族团结的理念融入每一个员工日常工作生活的方方面面。

洁丽雅公司规定，每个生产班组必须由民汉员工共同组成，宿舍采用民汉员工交叉嵌入式居住模式，公司组织的每一项活动必须由民汉员工共同参与，共产党员以及全体管理人员开展的“帮一对十”工程（即帮助一户困难少数民族员工家庭，结对10名少数民族朋友）也要民汉员工一视同仁。

洁丽雅公司还积极组织职工开展各种健康有益的文体活动。通过开展“新越丝路杯”篮球比赛、趣味运动会及“党旗映天山”“不忘初心、牢记使命”“民族团结一家亲，同心共筑中国梦”等主题活动，不仅丰富了员工的业余生活，弘扬了中华民族优秀传统文化，而且增强了“三个离不开”“四个与共”“五个认同”的自觉性，使各族员工在潜移默化中逐步形成浓厚的民族团结、共融、和谐的氛围，涌现出一批“民族团结之星”，为公司的团结进步创建工作树立了榜样。

可见，洁丽雅公司开展民族团结工作，并不是简单的扶贫或者帮扶。物资不是重点，深入了解少数民族人民群众在工作和生活中遇到的实际困难，熟悉少数民族的风俗习惯和独特风情，发自内心地去尊重他们，才是真正做到民族一家亲的根本。

（五）加强基础建设，改善员工民生生活

洁丽雅公司坚持扎根南疆、长期发展的经营理念，在充分尊重少数民族员工的文化生活习惯的基础上，多方面落实各项服务保障措施，全方位打造温馨舒适的工作和生活环境。

洁丽雅公司增加投资 5 000 余万元，高起点、高标准在厂区内建成 5 100 多平方米的清真食堂和 8 700 多平方米的室内员工活动中心，配置了声、光、电齐全的大型舞台和高清 LED 电影放映设施，室内篮球场、羽毛球、台球、乒乓球、便利超市、特色餐馆、银行终端服务系统、托儿所等服务设施一应俱全，从基础环境建设上丰富员工的生产生活。

除此之外，洁丽雅公司坚持“以产业促进就业，以就业改善民生，推动民族融合”的整体工作思路，充分发挥纺织行业企业就业门槛较低、容量较大优势，不仅为广大少数民族人民群众提供了众多的就业岗位，而且为他们增收致富提供了支持和动力（仅 2019 年公司就发放工资福利 8 298 万元，缴纳五险 2 130.5 万元）。使广大少数民族同胞在工作生活中逐步实现了从农牧民向现代产业工人的华丽转变，拥有了稳定的、可持续的收入，思想观念也发生了显著转变。许多在洁丽雅公司工作多年的员工购买了小轿车（公司少数民族员工小轿车拥有量超过 300 辆）、盖起了新住宅，使自己家庭生活逐步迈入小康。

三、调研结果及改进措施

（一）调研结果

通过此次调研发现，洁丽雅公司在提升少数民族群体国家通用语言文字能力上倾力投入。一方面，洁丽雅公司针对少数民族群体提供岗位机会，并为少数民族群体制作双语教材，进行统一培训。另一方面，切实落实“帮一对十”工作，深入少数民族员工家庭，积极与少数民族人民群众进行交流，熟悉少数民族人民群众的民俗民风，尤其是对有困难的少数民族家庭进行帮扶。此外，洁丽雅公司在厂区内还建设清真食堂和大量的活动设施，从基础建设上丰富员工的生产生活。存在的问题在于洁丽雅公司招聘对象多为农牧民，国家通用语言文字的培训系统不够完善，且经过培训后的员工存在就业转移的现象。

（二）改进措施

一是制定系统性教学方案，从最基础的汉语拼音抓起，循序渐进，确保少数民族员工国家通用语言文字能力达到小学汉语毕业水平。可以通过与周围学校进行产教融合，提升少数民族员工的文化素养和劳动技能，增强劳动纪律，将少数民族同胞从农牧民培养成为合格的产业工人。

二是结合兵团南进战略，进一步解决少数民族劳动力就业问题。洁丽雅公司可积极与第一师阿拉尔市各团场、部门进行紧密合作，展开招聘工作（包括移民入疆、团场富余劳动力的接纳等），采取各项措施确保所招聘人员能进得来、留得住，尽最大的可能调整员工民族结构。

三是继续落实“帮一对十”的工作方案。首先，加强“帮一对十”工作的网格化管理，保证体系架构与目前行政管理系统相吻合，同时安排完成自己内部人员结对后，剩下的员工要组织与公司行政科室人员结对（原则上将一个部门的人员安排在同一个班组内）。其次，要及时反馈“帮一对十”工作的开展情况，即上一级要对下一级的帮扶效果进行抽查，党支部要对党员进行抽查。例如：公司领导要抽查车间主任（部长）的“帮一对十”工作情况，车间主任（部长）要抽查班组长的“帮一对十”工作情况。最后，“帮一对十”工作要与行政、党群团工作结合在一起，与生产生活和娱乐活动（如劳动竞赛、文体活动、先进表彰等）结合在一起，与后备干部和业务骨干的培养结合在一起。

第六章 兵团普及国家通用语言文字教育政策变迁与实施路径——基于政策工具的分析

第一节 兵团普及国家通用语言文字教育政策的制度变迁

国家通用语言文字教育政策变迁由国家每个阶段时期的国家利益决定，每个阶段时期的政治、经济和社会的战略目标和规划任务决定每个阶段时期的兵团普及国家通用语言文字教育政策的变迁历程。

一、新制度主义与国家通用语言文字教育政策变迁

（一）历史制度主义和理性选择制度主义

新制度主义以“制度”为核心概念来解释政治、经济和社会现象，其共分为3个流派：历史制度主义、理性选择制度主义和社会学制度主义。下面介绍历史制度主义和理性选择制度主义。历史制度主义强调制度运作和产生过程中权力的非对称性、制度发展过程中的路径依赖和政治结果的多元动因。历史制度主义是“历史的”，对克服人类理性局限性具有重要意义；它又是“制度的”，注重以制度为核心对历史进行考察，以国家、政治制度为中心对历史进行分析。理性选择制度主义在方法论和理论分析上认为起点是“理性的个人”，分析制度是充分解释政治现象的必要条件。原因是所有的政治行为都是在一定的制度背景下发生的，把制度安排作为主要的解释变量来解释和预测个人行为及其导致的集合结果，个体追求效用最大化的偏好是外生于制度的，个体追求回报最大化，制度的功能在于增进个体的效用。因此，实现制度的变化需要对制度重新设计。

（二）国家通用语言文字教育政策变迁

国家通用语言文字教育政策变迁是随着各时期经济、社会、文化发展需求，国家通用语言文字教育政策产生、替代或变化的动态过程。新中国成立以来，国家通用语言文字教育政策经历了简化汉字和推广普通话、语言文字规范化和标准化建设、语言文字推广法制化建设等阶段，随着时代发展变化各阶段向普及推广普通话赋予新的历史使命。

第一阶段，新中国成立初期（1949—1965年）——简化汉字和推广普通话。1956年国务院公布的《汉字简化方案》对汉字的简化和普及进行推进，1956年《关于推广普通话的指示》中提出普通话的定义和标准，1958年制定的《汉语拼音方案》规定了汉字拼写方式，1952年颁布的《民族区域自治实施纲要》第十五条、第十六条明确规定少数民族自治地区机关要使用自治区内通用的少数民族文字。这些国家通用语言文字政策的推行对国家规范使用语言文字有重要保障。

第二阶段，“文化大革命”时期（1966—1976年）——文字改革停滞。“文化大革命”时期，我国通用语言文字工作和教育战线实施了一系列“左”的、错误的教育政策，对国家通用语言文字建设和教育事业造成了严重摧残和极大破坏。

第三阶段，改革开放后至21世纪（1978—1999年）——语言文字规范化和标准化建设。1978年党的十一届三中全会的召开标志着我国进入建设社会主义新时期，国家的语言文字政策工作重点在语言文字的规范化和标准化建设方面。1982年《宪法》规定国家推广全国通用的普通话。1985年国家语言文字工作委员会成立。1988年明确国家语言文字工作委员会是国务院主管全国语言文字工作的部门，规定其主要职责是：拟定语言文字工作的方针、政策，制定语言文字标准，发布语言文字管理办法，促进语言文字的规范化标准化。这一时期国家语言文字政策走向正常轨道，加快了国家通用语言文字规范化、标准化的建设步伐，使语言文字更好地为社会主义现代化建设服务。

第四阶段，21世纪（2000年至今）——语言文字推广法制化建设。《国家通用语言文字法》的颁布与实施标志着我国通用语言文字建设进入了法制化快车道。《国家通用语言文字法》于2000年10月颁布，2001年1月1日起施行。这是我国历史上第一部专门关于国家通用语言文字的法律，它在法律层面确定了国家通用语言文字的法律地位，确定了普通话和规范汉字的标准，明确了各级政府推广国家通用语言文字的责任和义务，以及公民必须掌握和使用国家通用语言文字的义务和权利。这一时期开启了我国全面推广普及国家通用语言文字的新阶段，实施国家通用语言文字普及攻坚工程，2020年在全国范围内基本普及国家通用语言文字，以及实施《推普脱贫攻坚行动计划（2018—2020年）》，实现了推广普及国家通用语言文字全动员、全参与、全覆盖，不断推动语言文字事业发展取得新成效。

二、兵团普及国家通用语言文字教育政策变迁的制度分析

（一）兵团普及国家通用语言文字教育政策变迁历程

兵团普及国家通用语言文字教育政策在国家和新疆维吾尔自治区政府的政策安排下，经历了3个阶段的政策变迁历程。

第一阶段，兵团普及国家通用语言文字教育培根筑基时期的政策（新疆解放至1976年）。这一阶段，新疆在国家推行简化汉字和推广普通话的政策安排下提出“民汉互学”政策，民族中学开设汉语课程，汉语课程向民族小学、中专及高等院校延展等。这一阶段主要教育政策有《关于目前新疆教育改革的指示》《关于改进与提高民族中学汉语教学工作的通知》《关于提高民族中学汉语教学质量的几点要求》等，在这些教育政策推行下，兵团实现了“民汉互学”、推行国家通用语言文字教学，基本建立了国家通用语言文字教育体系。

第二阶段，兵团普及国家通用语言文字教育基础扩建时期的政策（1977—1999年）。这一阶段，兵团普及国家通用语言文字教育确立“民汉兼通”人才培养目标和汉语教育的战略地位，国家通用语言文字教育起点下移至小学三年级，各阶段在巩固中提高，建立汉语水平测试制度等。该阶段主要教育政策有《关于加强民族学校汉语教学的建议》《关于当前我区教育工作中几个主要问题的决定》《新疆维吾尔自治区语言文字工作条例》《关于加强民族学校汉语教学的意见》《关于调整五年制民族小学部分课程教学计划的通知》《新疆维吾尔自治区义务教育实施办法》《关于调整少数民族中小学汉语学科课时的通知》等，在这些教育政策推动下，兵团实现了“民汉兼

通”人才培养目标，国家通用语言文字教育取得一定成效，为下阶段全面推进普及国家通用语言文字教育奠定了基础。

第三阶段，兵团普及国家通用语言文字教育全面推进时期的政策（2000年至今）。这一阶段，兵团普及国家通用语言文字教育创新办学模式和教学形式，确立从学前教育抓起的政策，实施国家通用语言文字教育全覆盖政策。这一阶段主要教育政策包括：2004年《关于大力推进双语教学工作的决定》，2005年《关于加强少数民族学前“双语”教育的意见》，2009年《关于进一步加强少数民族学前和中小学“双语”教学工作的意见》，2011年《新疆维吾尔自治区少数民族学前和中小学双语教育发展规划（2010—2020）》，2012年《新疆维吾尔自治区教育厅关于进一步提高中小学双语教育质量的意见》，2014年5月第二次中央新疆工作座谈会指出要积极推进双语教育，2017年《新疆维吾尔自治区义务教育阶段双语教育课程设置方案》及《新疆维吾尔自治区义务教育阶段双语教育课程设置方案》，2018年教育部、国务院扶贫办印发《深度贫困地区教育脱贫攻坚实施方案（2018—2020）》等。在这些教育政策推动下，兵团普及国家通用语言文字教育全面推进，国家通用语言文字教育取得明显效果。

（二）新制度主义对国家通用语言文字教育政策变迁逻辑的阐释

新制度主义的两大流派，历史制度主义和理性选择制度主义分别从政策主体的宏观视角和政策个体的微观视角分析国家通用语言文字教育政策变迁逻辑。

1. 历史制度主义对政策变迁的阐释

从政策主体的宏观视角分析，即从国家通用语言文字教育政策变迁的推动者——政府视角分析。新中国成立以来，少数民族国家通用语言文字教育政策从民族单语言到民汉双语再到国家通用语言文字教育。基于历史制度主义视角分析，国家通用语言文字教育政策在变迁路径上，呈现出从路径依赖到消极路径突破的历史逻辑，以及从语言权力取向到语言价值取向的结构逻辑。

历史制度主义强调将历史过程和制度分析结合起来，从历史发展视角结合制度变迁过程与动因分析制度的变迁。其中，历史分析框架是以时间节点和时间序列分析具体制度变迁的轨迹和动机，结合制度分析范式是从制度变迁的产生、替代及路径依赖等方面阐释制度更新替代的变迁过程和模式。

本节对兵团普及国家通用语言文字教育政策变迁建立历史制度主义分析框架，以历史视角强调制度的历史延续性、时间序列的分析范式和制度的结构范式，从历史过程分析范式和制度结构分析范式对兵团普及国家通用语言文字教育政策变迁进行分析。

（1）基于历史过程分析范式下兵团普及国家通用语言文字教育政策变迁的分析。基于历史过程，从 1949 年新疆和平解放以来，特别是 1954 年兵团成立后，兵团普及国家通用语言文字教育政策经历了夯实根基、稳步推进和全面发展 3 个阶段，每个阶段的国家通用语言文字教育政策都与各阶段的政治、经济、文化等政策和历史发展特征契合，充分体现国家通用语言文字教育政策的公共属性，并在每个阶段围绕党和国家的发展战略、教育方针和路线等逐步进行了强制性和诱致性的制度变化，形成了现在的全面普及国家通用语言文字教育政策。

（2）基于制度结构分析范式下兵团普及国家通用语言文字教育政策变迁的分析。主要从制度变迁的影响因素、路径依赖、动力机制及方式 4 个方面分析兵团普及国家通用语言文字教育政策的变迁过程、原因及路径。

①制度变迁的影响因素。制度是一系列被制定出来的规则、服从程序和道德、伦理的行为规范。一项制度的变迁受到制度背景下的政治、经济、文化等的影响，其变迁经历了复杂的过程。兵团普及国家通用语言文字教育政策经历了 3 个阶段：从新疆解放及兵团成立以来百废待兴的社会主义建设，到改革开放以来经济社会的快速发展，再到进入新时期全面建设美好新疆的百业兴旺的新局面。这几个阶段兵团普及国家通用语言文字教育政策与国家赋予兵团的职责使命及新疆经济社会发展的制度安排紧密结合，发挥国家通用语言文字教育为兵团及新疆经济社会发展服务的功能。

②制度变迁的路径依赖。诺思将路径依赖解释为“过去对现在和未来的强大影响”，指出“历史确实是起作用的，人们今天的各种决定、各种选择实际上受到历史因素的影响”。诺思认为，制度变迁过程与技术变迁过程一样，存在着报酬递增和自我强化的机制。这种机制使制度变迁一旦走上了某一路径，它的既定方向就会在以后的发展过程中得到自我强化。所以，人们

过去做出的选择决定了他们现在可能的选择。兵团普及国家通用语言文字教育政策经历了民族语言教学、双语教学、国家通用语言教学等阶段，每个阶段的政策变迁都会受到制度变迁的路径依赖影响。人们在原有教育政策的惯性环境下对新的教育政策往往产生不习惯、不适应或抵触等，会使新政策执行产生阻碍而形成制度时滞，这时需要突破这种路径依赖产生的制度时滞，基于新政策带来利益预期形成的动力机制采用合适方式达到制度变迁。总之，路径依赖对国家通用语言文字教育政策的制度变迁具有很强的制约作用，如果路径选择正确，制度变迁就会沿着预定的方向快速推进，并能极大地调动人们的积极性，充分利用现有资源来获得最大化的新的国家通用语言文字教育政策收益，为兵团发挥维稳戍边职责及新疆长治久安奠定坚实基础，做出重要贡献。

③政策变迁的动力机制。制度变迁的动力来自政策制定者和政策接受者，一项新政策的设计执行对双方都能带来收益，或是双方“双赢”，这样政策制定者和政策接受者都有实施制度变迁的动力，制度变迁成本也会降低到最小。兵团普及国家通用语言文字教育政策对少数民族群体十分有益，少数民族群体通过学习国家通用语言文字，与人交流与沟通，提升知识能力和职业技能，促进就业及收入提升等。因此，全面普及国家通用语言文字教育是党和国家为新疆各族人民提供的一项巨大的公共福利，是关心关爱新疆民族地区各项事业发展的民心工程，是全面建设社会主义现代化的根基工程。

④政策变迁的方式。制度变迁包括自下而上的诱致性制度变迁（也称需求主导型制度变迁）和自上而下的强制性制度变迁（也称供给主导型制度变迁）两个基本类型。诱致性制度变迁是指制度的创新是由一群人或一个人，在响应由制度不均衡引致的获得机会时，所自发倡导、组织和实行的制度变迁。诱致性制度变迁的特点有：改革主体来自基层，程序为自下而上，具有边际革命和增量调整性质，在改革成本的分摊上向后推移，在改革的顺序上先易后难、先试点后推广、先经济体制改革后政治体制改革和从外围向核心突破相结合，改革的路径是渐进的。强制性制度变迁由政府命令、法律引入和实现。强制性制度变迁的特点有：政府为制度变迁的主体，程序是自上而下的，有激进性质，具有存量革命性质。兵团普及国家通用语言文字教育政

策的实施由于受制度变迁的路径依赖，政策的安排一般需要采用强制性制度变迁和诱致性制度变迁两种方式，将制度变迁的成本降低到最小。国家通用语言文字教育政策既是一项公共品，又是一种人力资本投资路径，需要国家运用国家权威和政策工具来保障新的政策的执行，既需要遵守历史发展的规律，又需要强调制度的规范性和强制性特征需求。两种制度变迁方式的结合既体现了国家利益，也维护了人民利益。全面普及国家通用语言文字教育政策有助于新疆少数民族人民群众的公共福利和教育投入得到有效保障和落实，发挥语言文字人力资本的教育回报效应，为兵团及新疆少数民族人民群众带来和谐幸福的生活。

2. 理性选择制度主义对政策变迁的阐释

从政策客体的微观视角分析国家通用语言文字教育政策变迁。政策客体在国家强制性制度变迁和诱致性制度变迁的政策导向下，基于个人利益及效用考量，响应各阶段政策变迁的执行行动。各阶段政策变迁成效表现的关键在于个体是否积极响应政策行动。政策个体是理性人，基于自身利益理性对制度变迁进行选择。理性选择制度主义的基本假设表现在 3 个方面：①个体是核心行动者，个体展开理性行动的目标是个人效用最大化；②制度是形塑个体行为的规则集合体；③个体对于制度（约束或激励）能够做出理性的反应，并且大多数个体都会以同样的方式对制度做出反应。各阶段国家通用语言文字教育政策的制定和执行，是政策制定者与政策响应者之间的互动。从理性制度选择主义角度看，个体是政策变迁的核心行动者，个体响应政策理性行动的目标是个人效用最大化；同时，政策变迁也是制约政策客体个人行为的规则集合体，个体对政策做出理性的反应，绝大部分个体都会按照政策内容响应。国家通用语言文字教育政策形塑个体的行为，是规范和制约语言政策行动者和语言学习者行为的制度体系。语言政策设计是对语言学习者理性选择的集合，不同阶段语言政策设计对语言学习者的行动表现和结果有所差异，产生的政策结果也不尽相同；同时，语言政策行动者也会基于利益的变化影响政策变迁。随着新疆经济社会发展，产业结构优化调整，工业化、城市化、信息化等进程加快，市场对高技能劳动力需求变化，劳动者掌握国家通用语言文字的意愿越来越强烈，普遍积极参与国家通用语言文字教育。

第二节　兵团普及国家通用语言文字教育政策系统分析

兵团普及国家通用语言文字教育政策系统是由教育政策主体、教育政策客体、教育政策环境之间形成的一个完整的互动反馈机制，具有自我反馈、修正能力，是生生不息、良性发育、持续发展的政策系统。国家通用语言文字教育政策过程是一个动态的运行过程，每个阶段的教育政策制定是整个政策过程的逻辑起点和基础，直接影响和决定政策过程后续阶段的程序和任务，决定政策过程的走向。国家通用语言文字教育政策主体、客体与环境以及政策系统的各个子系统之间相互联系和相互作用，使得国家通用语言文字教育政策系统呈现为一个动态的运行过程。

一、教育政策和国家通用语言文字教育政策

（一）教育政策内涵、类型及特征

1. 政策和教育政策内涵

理解教育政策首先要理解政策的内涵。政策是“国家和政党为了实现一定的总目标而确定的行动准则，表现为对人们利益进行分配和调节的政治措施和复杂过程”。教育政策是一种公共政策，属于公共政策系统范畴。对公共政策外延进行梳理，公共政策是规范、引导个体或集体行动的准则和指南；侧重对公共政策内涵的挖掘，公共政策是社会价值的权威性分配或政治系统的产出。教育政策是公共政策的一个子系统，教育政策的内涵界定和理论释义大都来自政策领域。

教育政策可以理解为从政策问题的构建出发，根据教育的准公共品的性质和特征，作为公共权威的政府为解决相互冲突的对教育产品的需求，针对个人或团体的政策对象，采用规制或分配的政府行为，以生产或消费的不可分割性为区分维度，在选定准公共品的提供方案时，负载了对教育的价值追求。

同时，理解教育政策要考虑教育政策的一般特性：目的性、价值性、系统性、权威性、相对稳定性、政治性。①目的性。教育政策是政策主体根据

一定的需要制定出来的，是政策主体主观意识的体现和主观能动性的产物。教育政策总是为了解决某些教育问题，达到某种教育目的，具有明确的目的性。②价值性。“所有公共政策，尤其是教育政策，都是高度价值涉入的。”政策是一种含有目标、价值与策略的大型计划。教育政策主体的决策过程通常受决策者价值体系的制约。一定价值体系决定决策者的态度、信仰和原则，一定的政策也总是带有决策者的价值观念。③系统性。任何教育政策都是在与其他政策相互作用的过程中发挥其功能的，它既是一般政策体系中的有机组成部分，同时自身又组成一个相对独立的体系。④权威性。教育政策是国家、政党等政策主体依据教育相关法律法规的授权和委托，为实现公民的教育权需要而制定的行为准则，具有合法性和权威性。⑤相对稳定性。教育政策同其他政策一样，具有严肃性、稳定性，一经制定公布，在其有效的时间、空间范围内相对保持不变，应坚决贯彻执行。否则，教育政策就会失去其功能或作用，影响人们对教育政策的信任程度和执行政策的坚定性。但是，教育政策的严肃性、稳定性只是相对的，随着外部环境的变化以及教育自身因素的变化，在执行教育政策的过程中，必须根据情况做出相应的调整和改革。⑥政治性。教育政策的内容鲜明地体现着政党和国家等政策主体的政治意图，规定人们应做什么、不应做什么、提倡或鼓励什么。政策属于上层建筑的范畴，是国家意志的体现，直接反映了统治阶级的政治意志和根本利益。在任何社会中，政策都具有鲜明的政治性特点。

由此可知，教育政策是负有教育的法律或行政责任的组织和团体，为实现特定时期的教育目的，在管理教育事业过程中制定和执行的，用以确定和调整教育利益关系的行为准则。

2. 教育政策类型

从层次或空间来看，教育政策可分为 3 个大的层次：一是全国性的、宏观的教育政策（包括基本政策和具体政策），如中共中央、国务院颁布的《中国教育现代化 2035》，教育部、国家语委颁布的《国家通用语言文字普及攻坚工程实施方案》等；二是区域性的教育政策，如地方的教育发展规划文件，2010 年教育部等部委制定的《关于推进新疆双语教育工作的实施意见》，2017 年新疆维吾尔自治区制定的《关于加强和改进中小学双语教育工作的意见》《新疆维吾尔自治区少数民族学前和中小学双语教育发展规划

(2010—2020 年)》等文件;三是学区性的教育政策(包括学校发展战略),如各地区中小学校制定的发展规划等。

从教育政策的功能来看,可以区分为两大类:一是纵向规划教育发展的政策,可分为学前教育政策、基础教育政策、职业教育政策和高等教育政策等;二是横向激励教育发展的政策,可分为教师政策、课程政策、教育财政政策等。国家通用语言文字教育政策既属于横向激励教育发展的政策,也贯穿于纵向规划教育发展的政策。从学前教育到基础教育、职业教育、高等教育再到继续教育等教育领域都涉及国家通用语言文字教育政策。同时,教育政策涉及的主要问题包括 4 个领域:国家宏观政策、区域教育发展、学校发展战略、国际教育等。这些领域也涉及国家通用语言文字教育问题,如少数民族区域教育发展的教育核心问题涉及国家通用语言文字教育问题。

国家通用语言文字教育政策按照教育政策功能来看,也可以区分为两大类。一是国家通用语言文字教育的纵向规划教育发展的政策,可分为学前双语教育政策及基础教育、职业教育、高等教育等有关国家通用语言文字教育的政策规定。例如,2005 年印发的《新疆维吾尔自治区关于加强少数民族学前“双语”教育的意见》《新疆维吾尔自治区少数民族学前两年“双语”教育教学指导纲要》,2009 年印发的《关于进一步加强少数民族学前和中小学“双语”教学工作的意见》,2012 年颁发的《新疆维吾尔自治区教育厅关于进一步提高中小学双语教育质量的意见》等。二是国家通用语言文字教育的横向激励教育发展的政策,可分为加强国家通用语言文字教育的教师政策、教材政策、课程政策、经费投入政策等。关于教师政策,如 2002 年《国务院办公厅转发教育部等部门支援新疆汉语教师工作方案的通知》、2009 年印发的《关于实施农村义务教育阶段学校教师特设岗位计划的通知》;关于课程政策,如 2017 年新疆维吾尔自治区教育厅发布《关于印发〈自治区义务教育阶段双语教育课程设置方案〉的通知》《自治区义务教育阶段双语教育课程设置方案》等。

3. 教育政策特征

教育政策是对教育领域的利益分配与利益关系进行调整。教育领域的利益分配为什么必须且可以由政策这一个公共权力活动实现呢?这是由于教育政策是国家的教育权责及公共性来源,教育由政府来承担是受法律保护的。

从历史的演变过程来看，从家庭教育（私人）到学校教育（政府），教育政策体现了国家的意志和职责。因此，教育政策具有公共政策属性及公益性追求。教育政策作为国家举办教育的必要手段，依靠国家的强制力量发挥行政效力和法律效力，对教育普及和发展产生直接而强有力的影响。教育政策是公共政策在教育领域的具体表现，应当协调政府与家庭、教育组织、地方团体及其他利益相关者等主体之间以教育权的分配为核心的教育利益关系，维护公共教育利益。

教育政策是国家公共政策体系的有机组成部分，是为了解决公共教育问题、满足公共教育利益。

教育政策与一般公共政策存在区别。①教育政策有别于以物为客体的社会活动，如农业生产、工业制造等，教育对象是具有自主性、能动性的人。②教育政策有别于其他“人—人”关系的社会活动，如人际交往、商品交易、法律诉讼等。

教育以人的发展为目的，决定了在一切与教育有关的活动中“人是目的”，教育政策也不例外。与其他公共政策相比，教育政策具有诸多差异性。①教育政策具有“促进人的发展”的独特宗旨，以“人”而非“营利”为目的，其对公共教育资源的分配是无偿的和非营利的。②由于教育活动中“人的在场”，导致教育政策的利益分配难度更高。③在“人是目的”的情况下，为了实现教育对象个性化的全面发展，教育过程通常具有多种具体目标。④与其他公共政策相比，在尊重人的主体性和人的选择方面，教育政策具有更独特的意义。

（二）国家通用语言文字教育政策内涵

国家通用语言文字教育政策是一种公共政策，属于公共政策系统范畴。国家通用语言文字教育政策是国家为使国家通用语言文字在社会生活中更好地发挥作用，促进各民族、各地区经济文化交流，在社会主义的政治制度下，推进国家通用语言文字教育，解决国家通用语言文字教育公共问题的动态的过程。其包括政府制定的国家通用语言文字教育政策和执行措施，以及政府推行国家通用语言文字教育的外在行为和内隐行为模式。

国家通用语言文字教育政策是国家公共政策的一部分，其外延内涵是国家对国家通用语言文字推广普及而规范、引导个体或集体行动的准则和指南。可以认为，国家通用语言文字教育政策具有国家公共政策的逻辑内涵，是国家公共政策的社会价值的权威性分配或政治系统的产出。国家通用语言文字教育政策的内涵可以从以下几方面理解：①国家通用语言文字教育政策是一种行为准则、计划、文件、谋略、方案或措施，是需要执行或遵守的“文本”，如《国家通用语言文字普及攻坚工程实施方案》。②国家通用语言文字教育政策是一种有目的地进行价值分配、处理问题或实现既定目标的复杂过程，可以将其理解成一个动态的线性过程，是一条从目标到结果的直线。例如，国家通用语言文字教育政策的制定、执行和评估。③国家通用语言文字教育政策不是某个特殊的文本，也不是一个简单的线性过程，而是一个既有过程又有结果的众多因素相互作用的前后相继的复杂周期。例如，我国少数民族语言文字教育政策的发展经历了起步、发展、完善与变革 4 个阶段，起步阶段是加强少数民族语言教育（1951—1966 年），发展阶段是在民族语言教育的基础上加授汉语（1977—2000 年），完善阶段是全面实施民汉双语教育（2001—2014 年），变革阶段是以国家通用语言文字教育为主（2015 年至今）。

国家通用语言文字教育政策经历了几个阶段时期的变迁，可以把国家通用语言文字教育政策理解为新中国成立后党和政府为推动国家通用语言文字的规范化、标准化及其健康发展，解决语言文字推广的教育政策问题，满足人民群众对语言文字和语言文字教育的需求，根据语言文字和语言文字教育的准公共品的性质和特征，针对人民群众的政策对象，采取颁布法规或公共产品资源分配的政府行为，为人民群众提供语言文字教育或准公共品的政策方案。

国家通用语言文字教育政策具有目的性、价值性、系统性、权威性、政治性、相对稳定性等特性。①目的性。国家通用语言文字教育政策是国家或地方政府作为政策主体根据一定的需要制定出来的，是体现国家意志和主观能动性的产物，是为了解决国家推行国家通用语言文字教育的特定问题，推广国家通用语言文字教育，具有明确的目的性。②价值性。国家通用语言文字教育政策作为一种公共政策，尤其是教育政策，高度体现了国家的价值观，具有价值导向性。国家通用语言文字教育政策是一种具有推广普及国家通用语言文字教育目标、价值与策略的政策体系。国家通用语言文字教育政策主体的决策过程通常受决策者价值体系的制约，国家的政治价值体系决定国家通用语言文字教育政策决策的态度、信仰和原则，国家通用语言文字教育政策必然带有中国共产党领导的社会主义国家的价值观念。③系统性。国家通用语言文字教育政策是在与其他国家公共政策相互作用的过程中发挥其功能的，它既是一般政策体系中的有机组成部分，同时自身又组成一个相对独立的体系。④权威性。国家通用语言文字教育政策是国家、政党等政策主体依据教育相关法律法规的授权和委托，为实现公民的教育权需要而制定的行为准则，具有合法性和权威性。⑤政治性。国家通用语言文字教育政策的内容鲜明地体现着国家等政策主体的政治意图，反映了统治阶级的政治意志和根本利益。⑥相对稳定性。国家通用语言文字教育政策同其他政策一样，具有严肃性、稳定性，一经制定公布，在其有效的时间、空间范围内相对保持不变，应坚决贯彻执行。

由此可知，国家通用语言文字教育政策是国家行使教育的法律责任或行政责任的组织机构，为实现特定时期的国家通用语言文字普及的教育目的，在管理国家语言文字教育事业过程中制定和执行的，用以确定和调整教育利益关系的行为准则。

新疆是一个多民族聚居的地区，多种宗教并存，多种语言使用，推广普及国家通用语言文字是铸牢中华民族共同体意识、增强中华民族的凝聚力和向心力、实现新疆各族人民大团结、维护国家统一和新疆社会稳定、实现长治久安的重要战略。兵团普及国家通用语言文字始终走在新疆前列，兵团成立后，兵团就将普及国家通用语言文字作为兵团教育发展的一个重要组成部分，始终坚定地贯彻落实国家通用语言文字政策，促使兵团普及国家通用语言文字工作取得巨大成就。

二、兵团普及国家通用语言文字的教育政策系统

（一）教育政策系统

教育政策系统是一个由教育政策各要素相互作用、相互联系、相互制约，通过彼此间的作用构成有机整体的系统。在教育政策系统内部，由于各种要素的不同组合和关系作用，形成了决策、咨询、执行、监控等一系列功能不同的子系统。教育政策系统推动教育政策的运行，包含教育政策的制

定、执行、检测、评估到终结的动态、完整的过程。系统是由两个或两个以上相互联系、相互作用的要素组成的具有一定结构和功能统一的集合体。因此，教育政策系统具有3个方面的要素特征：①教育政策系统结构的层次性，包括由教育政策主体、教育政策客体、教育政策环境等构成的教育政策内循环系统和教育政策外循环系统。②教育政策系统要素的互动性，即教育政策主体、教育政策客体、教育政策环境之间的互动性。③教育政策系统运行的反馈性。教育政策主体、教育政策客体、教育政策环境之间形成一个完整的互动反馈机制，才能构成具有自我反馈、修正能力，生生不息、良性发育、持续发展的政策系统。

教育政策系统要素由教育政策主体、教育政策客体、教育政策环境等构成。教育政策主体是指直接或间接地参与教育政策制定、执行、评估和监控的个人、团体或组织。政策运行过程中多个主体参与，对教育政策发挥不同的作用。教育政策官方主体有立法机关、行政机关、司法机关、政党等。教育政策非官方主体指不拥有法律赋予的合法强制力，但可以通过影响力、舆论、游说等方式介入教育政策过程，并产生一定影响的个人、团体和组织，如利益集团、公民、大众传媒、智库等。教育政策客体是指教育政策对象，可以是教育活动中的人或与教育利益相关的人。教育政策环境包括自然环境、人口特征、经济环境（经济发展水平、经济制度、体制等对教育政策的影响）、政治环境（国体、政体、政治文化）、社会文化环境、科技环境等。

（二）国家通用语言文字教育政策系统

国家通用语言文字教育政策系统是由政策主体、政策客体和政策环境三要素组成的相互作用、相互联系、相互制约，通过彼此间的作用构成有机整体的一个系统。国家作为政策主体，直接或间接地参与国家通用语言文字教育政策制定、执行、评估和监控。国家的立法机关、行政机关、司法机关、政党等政策主体对国家通用语言文字教育提出明确政策要求。国家立法机关对普及国家通用语言文字颁布了法律，如《国家通用语言文字法》明确指出“本法所称的国家通用语言文字是普通话和规范汉字”，《教育法》明确规定“国家通用语言文字为学校及其他教育机构的基本教育教学语言文字，学校及其他教育机构应当使用国家通用语言文字进行教育教学。民族自治地方以少数民族学生为主的学校及其他教育机构，从实际出发，使用国家通用语言文字和本民族或者当地民族通用的语言文字实施双语教育。国家采取措施，为少数民族学生为主的学校及其他教育机构实施双语教育提供条件和支持。”国家的行政机关也制定了相应的政策，例如，2015 年《国务院关于加快发展民族教育的决定》指出“义务教育阶段全面普及双语教育”，2017 年《国家教育事业发展“十三五”规划》提出“加强民族地区国家通用语言文字教育，确保少数民族学生基本掌握和使用国家通用语言文字，提高少数民族语言文字教学水平”。国家通用语言文字教育政策客体即接受国家通用语言文字教育的群体，如各级各类学生（包括少数民族学生）、少数民族职工群众等。国家通用语言文字推广普及工作受各地区自然环境、人口特征、经济环境、社会文化环境等的影响，特别是受民族地区经济社会发展水平影响，导致工作任务和成效不尽相同，有些地区国家通用语言文字推广普及工作成效显著，有的地区国家通用语言文字推广普及工作任务仍然艰巨。

（三）兵团普及国家通用语言文字的教育政策系统运行

从系统论的观点看，政策系统的运行表现为一个系统不断输入、转换和输出的过程。戴维·伊斯顿提出政策过程的系统决策模型，认为政策环境把种种要求和支持传导给政策主体，从而输入政策系统。该模型涵盖 6 个方面。①政策环境，指政治系统以外的各种环境，包括内部社会环境和外部社会环境。政治系统在社会环境系统中生存，它既接受来自环境的影响，又影响环境。②政策输入，指环境输入政治系统的要求和支持，是政治系统公共决策活动的开端。③政策要求，指个人和团体为了满足自己的利益和价值追求而向政治系统提出的应采取政策行动的主张。④政策支持，指团体和个人接受选举结果，遵守法律法规，缴纳税款，以及接受权威性的政治系统为满足要求而做出的政策决定或采取的政策行动。⑤政策输出，指政治系统对全社会价值所做的权威性分配，即公共政策输出，这是政策系统影响环境的方式。⑥政策反馈，指公共政策输出后环境所发生的变化向政治系统返回的信息。一般公共政策系统中政策输入信息的来源包括选举规则、公共意见、与官员沟通、议题的媒体报道和决策者的个人经验。政治系统环境或所谓的政策“黑箱”，是由社会、经济、政治等环境因素组成的，并影响着政治和政策制定活动。政策输出，即法律、行政命令、决策等，又可能会产生新的要求，反馈给系统，从而导致新的政策输出。政策系统循环往复，新的公共政策不断产生。

兵团普及国家通用语言文字的教育政策系统运行可看成由政策输入、政策系统环境和政策输出几个系统组成，各系统之间相互作用、相互影响，致使国家通用语言文字教育政策不断优化，以适应新环境、新时期的社会经济文化的发展需要。

如图 6－1 所示，兵团普及国家通用语言文字教育政策过程可分为政策输入、政策系统环境和政策输出 3 个过程。第一过程，政策输入。国家通用语言文字教育政策的来源包括：国家意识形态和教育政策，经济社会发展需求，公共意见和民众需求，语言推广者和学习者效果反馈等。第二过程，政策系统环境。国家通用语言文字教育政策系统环境由国家的政治、经济、社会等发展环境构成，各环境因素影响国家通用语言文字教育政策制定和执行情况。在不同阶段国家通用语言文字教育政策随着国家及各地区的发展环境产生变迁，兵团普及国家通用语言文字教育政策也随着国家通用语言文字教育政策变迁，既反映了国家政治意识形态的意志，又体现了兵团各民族人民群众经济社会生活的实际需要，体现了各阶段教育政策的价值。第三过程，政策输出。各阶段国家和地方对国家通用语言文字教育的需求随着经济社会发展目标和任务（不公平、不充分的矛盾变化）的变化而产生新要求，反馈给教育政策系统从而产生新的政策输出，即国家通用语言文字教育政策变迁。随着国家通用语言文字教育政策系统环境变化，国家通用语言文字教育

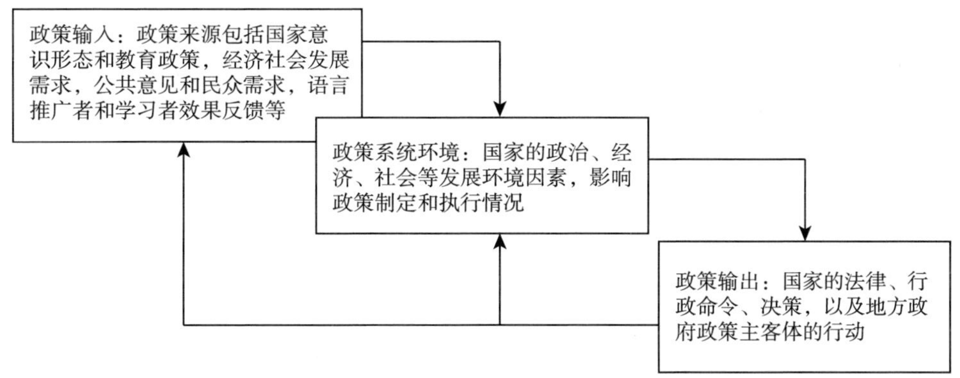

图 6－1 兵团普及国家通用语言文字教育政策过程的系统模型

政策不断适应新要求而优化变迁，兵团普及国家通用语言文字教育政策也随着国家政策和兵团实际不断优化调整。

第三节　兵团普及国家通用语言文字教育政策工具选择分析

国家通用语言文字是人民在生产和生活中进行交流沟通的重要技能，是一种重要的具有基础性功能的人力资本。国家通用语言文字教育是由政府提供的公共产品，国家通用语言文字教育政策是国家决策者为人民群众提供语言文字教育公共产品供给的工具载体。政策工具是政府推行政策的手段，也是政府在部署和实施政策时采取的实际方法。

一、教育政策工具内涵

政策工具是政府干预的方式，在某种程度上也是政府行为正当化的应用机制。政策工具是国家权力部门为解决社会公共问题或达成一定的政策目标而采用的可以控制的手段，这些工具对国家权力部门来说具有可控性、与目标联系上具有有效性、在特征上具有独特性。教育政策工具就是国家权力部门为解决教育问题或达到政策目标而采用的一系列政策手段，是教育政策设计与政策执行之间的联结，是实现教育政策目标或结果的措施和手段。

关于政策工具的分类，最初学者们倾向于将复杂的政策工具划分为规则性工具和非规则性工具两大类。英格拉姆将政策工具分为激励、能力建设、符号与规劝、学习四大类。麦克唐奈（McDonnell）和埃尔莫尔（Elmore）根据所要获得的最终目标将政策工具分为命令性工具、激励性工具、能力建设工具和制度变迁工具，具体内容如表 6－1 所示。

表 6－1　关于政策工具的定义

政策工具	命令性工具	激励性工具	能力建设工具	制度变迁工具
主要要素	规则	资金（收益）	资金（投资）	权威
预期结果	服从	价值的生产，短期回报	技术、能力的增长，长期回报	公共传递系统的构成，激励

（续）

政策工具	命令性工具	激励性工具	能力建设工具	制度变迁工具
成本	发起者：强制 目标对象：服从、避免	发起者：生产、监管、配置 生产者：管理成本、匹配、避免	政府在短期内的启动成本	被新传递者所取代而失去的权威
收益	个人的特定利益，社会的分散收益	发起者或生产者：预算权力的增加 委托人：收获价值	接受机构短期的、特定的收益，社会长期的、分散的收益	新的传递者在权威中获益
例子	环境规则，非歧视性的要求	对政府的援助款，对个人的贷款	基础研究，环境保护	教育券，去制度化，新的提供者（健康维护组织、社区心理健康机构）

豪利特和拉米什在《公共政策研究》中根据强制性程度把政策工具分为自愿性工具、混合性工具和强制性工具三大类。我国学者更把政策工具分为市场化工具、工商管理技术和社会化手段三大类（陈振明，2002）。还有学者根据政府引导方式将政策工具划分为规制性工具、组织性工具和经济性工具（张璋，2001）。我国政府治理中常用的行政手段、经济手段、法律手段和思想教育手段等政策工具具体表现如表 6-2 所示。

表 6-2　政策工具

政策工具	行政手段	经济手段	法律手段	思想教育手段
定义	凭借政权力量，依靠从上到下的行政组织制定、颁布，运用政策、指令、计划的方法来实现目的	利用行政部门及其活动的经济利害关系来制约相互间的活动	依照法定职权和程序，把国家法律法规实施到具体的行政活动中，以达到其目的	依靠宣传、说服、沟通、精神鼓励等非强制手段，使行政人员和管理对象自觉自愿地去从事政府所鼓励的工作或活动
特点	权威性 指令性 局限性	简政放权、政企分开、宏观调控、制定政策	法制性 强制性 执行性	非强制性
形式	行政命令 行政引导 行政信息 行政咨询服务	税收、补贴、罚款、管制等	行政决定 行政检查 行政处置 行政强制执行	启发教育 说服劝告 建议协商 树立典范 舆论抑扬

英格拉姆（Ingram）和施耐德（Schneider）基于政策工具分类的基本假定认为，人们对需要改善的社会、经济或政治问题不采取行动有5个原因：①法律没有指示或批准采取行动；②缺乏采取必要行动的激励；③缺乏采取必要行动的能力；④不同方式和目的背后的价值观不同；⑤在高度不确定的情形中因为难以理解问题的性质，对人们将会做什么或他们如何被激发是不清楚的。在此基础上，对作为理论基础的行为假设确定了5种对应的政策工具：权威工具、激励工具、象征与劝诫工具、学习工具、能力建设工具。

本节对国家通用语言文字教育政策的研究，基于以上5种政策工具分析政策的运行机制及实施路径。

二、兵团普及国家通用语言文字教育政策工具运用

（一）权威工具：兵团普及国家通用语言文字教育的强制性政策工具

权威工具是政府使用的一种最普遍的政策工具，是公共机构或政策制定者执行指派任务的法定权力。权威工具主要用于政府官僚系统指导其他层级政府机关和官员的行为，也可扩展到目标群体。权威工具的基础是行动者愿意服从，行动者承认政策制定者赋予规章和命令的合法性，并认可政策制定者具有这样的权力。权威工具的具体形式有法规、许可、命令、处罚等。法规是机构实施、解释、废除法律或政策，或者描述机构的组织、程序、实际要求的一种表述。法规是一种治理国家的方式，必须人人遵守，具有强制性、权威性和普遍性。

国家通用语言文字教育政策是一种公共政策，是实现国家治理体系和治理能力现代化的重要保障。国家通用语言文字教育政策是国家保障公民学习和使用国家通用语言文字权利的重要制度。国家运用法定的权力制定和实施国家通用语言文字教育的法规、规划、方案、命令等权威工具，强化教育政策的权威性、强制性，以保障国家通用语言文字教育的公平和效率。

兵团普及国家通用语言文字教育在国家和新疆维吾尔自治区的法规、规划和方案的指导下，根据兵团各师市国家通用语言文字教育实际，结合国家和新疆维吾尔自治区的语言文字政策，制定和实施合适的教育政策。例如，

第三师图木舒克市根据兵团有关学校普及国家通用语言文字教育的政策（《兵团关于推进少数民族学前及中小学国家通用语言文字教学工作的实施意见》《关于印发兵团少数民族中小学及幼儿园国家通用语言文字教学质量提升行动计划的通知》等），制定实施第三师图木舒克市学校国家通用语言文字教育政策，包括《第三师图木舒克市义务教育阶段国家通用语言文字教学质量提升三年行动实施方案（2019—2022）》《第三师图木舒克市义务教育阶段国家通用语言文字教学质量提升保障制度》《第三师图木舒克市义务教育阶段学校推进国家通用语言文字教学绩效考核制度》等。根据兵团针对少数民族职工群众制定的专门的普及国家通用语言文字教育政策，如《兵团办公厅关于印发〈兵团少数民族职工群众国家通用语言文字培训实施意见〉的通知》（新兵办发〔2018〕20号）和《关于印发〈兵团少数民族职工群众国家通用语言文字培训工作方案（2018—2020年）〉的通知》等，第三师图木舒克市制定了《关于印发〈第三师图木舒克市开展少数民族国家通用语言培训实施方案〉的通知》。团场也出台了相应的方案，如《五十一团开展2020—2022年少数民族群众国家通用语言培训方案》。

（二）激励工具：兵团普及国家通用语言文字教育的自愿性政策工具

激励工具是政策决策者常用的一种政策手段。政策激励工具是指国家等政策制定者制定合理的奖惩规则，通过对政策客体实施一定的行为规范和奖罚规制，激发、引导和规范政策客体的行为，从而有效地实现政策目标。对于政策客体来说，激励工具在于激发政策客体的需求动机，政策执行者用各种有效的方法和措施激发政策客体对政策认识和行动的主动性和创造性，使政策客体能努力去完成政策实施的任务，实现政策对政策客体的要求和目标。激励工具的前提假设是政策客体都是效用最大化的个体，都有通过接受一项政策的实施求得利益回报的愿望，否则政策客体就不会积极主动响应政策行动。激励工具有诱导、奖励、收费、制裁等形式，每个工具的实施方式和产生的作用不同，政策执行者一般会综合运用激励工具。

（三）象征与劝诫工具：兵团普及国家通用语言文字教育的混合型政策工具

象征与劝诫工具是指政策客体接受并采取与政策相关行动的动机和决

策，是基于自身的信念和价值。个体接受并采取与政策相关行动是基于正确、公正、个人主义、平等和义务等文化观念，个体的价值观念超越了激励政策工具的控制范畴。象征与劝诫工具假定目标群体认可政策所需要的行动与他们的信念一致，就倾向于采取与政策目标相一致的行动。象征与劝诫工具鼓励对政策的遵从、使用或支持，从而呼吁公共部门或私立部门采取自发的有利于达到政策目标的行动，而无需政府的强制或激励行动，或者只是简单声明与政策价值观一致的目标和优先权，而无需采取切实的行动。政策制定者通过宣扬政策的价值理念（如公平、公正、平等、正确）或者通过使用典型、象征和标签，寻求改变与政策偏好行为有关的观念。象征与劝诫工具常用的表现类型有符号声明、劝诫、贴标签等。

（四）学习工具：兵团普及国家通用语言文字教育的混合型政策工具

学习工具是指政策的目标群体在实际解决政策问题的行动中遇到不知道或不确定的情况时，可以使用学习工具。学习工具的重要特征是假定机构和目标人群能够学习，从其他有效的工具中进行选择。学习工具的具体体现有解除管制、战略规划、自我评估 3 种类型。解除管制就是减少对政策执行者多方面的管制，将决策权下放给基层政策执行者。例如，各地区根据国家通用语言文字政策制定适合本地区的国家通用语言文字教育政策，包括实施方案和操作模式等。战略规划是指政策执行者为实现政策目标而制定的一定时期内具有战略性目标和任务的规划，如国家制定的国家通用语言文字规划、地方推普规划等。自我评估是指对国家通用语言文字教育政策的自我评价，以评估教育政策的实施效果。

（五）能力建设工具：兵团普及国家通用语言文字教育的自愿性政策工具

能力建设工具是指提供信息、培训、教育和资源给政策对象中有能力的个体、群体或机构去决策或开展活动。政策实施过程中，政策对象在对政策的权威工具、激励工具或象征与劝诫工具的行动进行响应时，缺乏响应政策的信息、技能或其他必要资源等保障，因此，政策执行者需要帮助政策对象进行达到政策目标所必要的能力建设，包括对政策对象开展培训、提供教育及信息等方面服务。能力建设工具的具体表现有基本保障金、技能培训、提供咨询服务、提供信息服务等。

三、兵团普及国家通用语言文字教育政策工具的选择

（一）政策工具选择

政府在制定或执行一项公共政策过程中会选择一种或一组最适合的政策工具。政策决策者意识到每种工具都具有一定局限性和可行性，每种工具的差异和政策效果都会影响政策决策者的选择，因此，政策工具选择也会变得十分复杂。政策工具选择优劣取决于政策结果，分析政策工具的结果从根本上看还是要从政策的价值倾向上分析。政策工具的愿望体现为一定的价值选择，从政策执行的结果可以判断这种价值是否实现以及实现程度。

可以基于政策价值的判断和政策环境的适应性等多方面进行政策工具选择。可以说，政策工具选择既是一个科学的选择，更是一个环境约束下的政治选择。关于政策价值的判断，从政策工具的有效性、公平、效率、可管理性、合法性和政治可行性等方面评价一项公共政策工具选择。教育政策工具选择的基本价值判断是追求公平与效率，在这个价值判断的基础上选择适宜的政策工具，并且在政策推行时能发挥有效作用，让政策主体、政策客体满意或实现效用最大化。政策工具选择最早出现于威尔逊的《行政学研究》，即公共行政的两个基本主题：政府应该做什么，政府应该怎么做。前者涉及政府管理内容，后者涉及政府管理手段，即政府选择什么政策工具来达到政策目标。

有学者认为政策工具选择可归纳为以下 3 种模型：经济学模型、政治学模型和综合模型。经济学派认为，政策工具选择在理论上是一种技术操作，这种操作把特定工具的特征同他们最近的工作联系起来。政治学派认为，从纯技术角度而言，工具或多或少都是可替代的，将焦点转放在他们认为支配工具选择的政治力量上。政策工具选择的 3 种模型主要内容如下：

1. 政策工具选择的经济学模型

新古典主义经济学家和福利经济学家对于政策工具选择都提出了辩论性的主张。他们都倾向于选择自发调节的工具，但是仍然有重大分歧。福利经济学家允许使用更大范围的强制干预（如政府管制、公共企业、政府生产与直接提供等）和纠正市场失灵的混合工具（如提供信息与激励、政府补助等）。他们倾向于把工具选择当成一种严格的技术上的操作：评估各种工具

的特征，将它们与不同类型的市场失灵匹配，估计它们的成本，选择能够最有效地克服所面对的市场失灵的工具。新古典主义经济学家只赞成把强制性工具用在提供纯公共品上，任何其他的使用都被视为扭曲了市场过程并导致了次优的结果。20 世纪 90 年代，受公共选择学派的影响，新古典主义经济学家开始尝试运用经济学的理论假定、概念框架和分析方法来研究政策工具选择，并形成了一种研究政策工具选择的新途径公共选择途径（public choice approaches）。该途径认为："为了选举，政府要选择一个并不反映选民真实成本的工具，而这些选民最终还是要为这个成本买单。"这两种经济学视角的政策工具选择理论都有很强的演绎色彩，而对政府的实际决策缺乏一个坚实的经验基础。

2. 政策工具选择的政治学模型

政治学模型认为，政策工具的选择取决于工具的特征、所面对问题的性质、政府过去在处理相同或类似问题上的经验、决策者的主观偏好以及受影响群体对于该选择可能的反应。

将政策工具选择问题理论化的一个经常被引用的政治学方法是由加拿大学者布鲁斯、多恩及其合作者发展出来的。在所有工具技术都可替代的假设基础上，他们认为在一个自由的民主社会，政府倾向于使用最没有强制性的可用工具，但为了克服社会对于有效管制的抵触，在必要的时候会将其"升级"。也就是说，任何工具理论都可以实现任何选择的目标，但政府会选择强制性较小的工具，除非受到某种力量的推动。这种力量来自国民的反抗或来自要求改用更有强制性工具的持续的社会压力。这个想法引导多恩及其同事提出了工具使用的一个典型模式：政府开始时采取最低限度的行动（如劝告），如果根本无效，会缓慢地转向最为强制的"直接提供"这种政策工具。关于工具选择的另一个被广泛引用的政治学模型由克里斯托弗·胡德（Christopher Hood）发展而来。他认为工具选择并非是一种技术上的操作，而是"一种信仰上或政治上的事物"。他指出，选择的形成决定于资源约束、政治压力、法律约束以及从过去的失败中得到的教训。他讨论了政府很多随着时间发展而"重新选择工具"的一般模式，包括从基于信息的工具转变为基于其他资源的工具，以及从仅依靠强制转变为借助金融和组织资源的使用。

林德和彼得斯将经济学和政治学著作中提出的工具选择的许多不同概念

整合到一起，发展出第三套政治学模型。他们认为在工具选择的形成中起决定作用的因素有：政策工具的特征，国家的政策风格、政治文化以及社会分裂程度，机构的组织文化及其与客户和其他机构之间的关系，问题所处的环境、时机及行动主体的范围。不过，工具选择仍然是决策者的一种主观选择，这种选择基于他们的专业背景、制度关系和认知因素。

3. 政策工具选择的综合模型

20 世纪 90 年代以后，学者开始研究政治与经济的整合，运用综合模型或从政策网络的角度研究政策工具选择，主张政府可以运用多元工具实现政策目标。这样政策工具的范围可以减少到4 种类别：①市场；②家庭或社区；③管制、公共企业或直接规定；④混合工具，如市场机制和政府。豪利特和拉米什在对上述政策工具选择模型进行综述的基础上，启发性地提出了一个基于政策子系统的、复杂的、能衡量国家能力高低的综合模型。这个模型意味着，为了利用基于市场的工具以及管制的或直接规定的工具，需要有高水平的国家计划能力。当国家缺乏政策调节能力时，它倾向于使用激励或宣传工具，或依靠现有的自调节工具、基于社群或家庭的工具。而且，对特定工具的选择不仅决定于国家能力，还决定于子系统的复杂程度。因此，在实现一个复杂子系统的过程中，当涉及为数众多、相互矛盾的群体时，自调节工具的政策比较有利，这种政策可以很好地处理多方行动主体和多方利益的关系。而在行动主体数量较少且子系统不那么复杂的情况下，政府就可以选择直接工具或混合工具。

（二）兵团普及国家通用语言文字教育政策工具选择

兵团普及国家通用语言文字教育政策工具选择根据工具强制性的政治和经济意义来判断，工具强制程度主要判断来自政策工具限制个人和集体行为的程度。豪利特和拉米什依据政府提供物品与服务的水平，将公共政策工具放在一条以完全自愿（提供）和完全强制（提供）为两端的轴上，在这两种极端情况之间，按照政府或公众参与程度的高低，依次排列不同的政策工具。

一方面，采用强制性政策工具。基于政策工具选择的政治模型分析，强制性政策工具一般是由政府基于政治权力推行的具有一定约束力和强制力的政策工具，如权威工具和能力建设工具。法规作为一种重要的权威工具，在政府推行政策过程中是一项有效的政策工具。兵团普及国家通用语言文字教育政策推行过程中，依据《国家通用语言文字法》《教育法》《新疆维吾尔自治区语言文字工作条例》等法律法规制定和实施国家通用语言文字教育的地方政策规定，如《兵团关于推进少数民族学前及中小学国家通用语言文字教学工作的实施意见》《兵团少数民族中小学及幼儿园国家通用语言文字教学质量提升行动计划》《兵团少数民族职工群众国家通用语言文字培训实施意见》《兵团少数民族职工群众国家通用语言文字培训工作方案（2018—2020年）》等。法律法规、政策文件、规划方案等是兵团推进国家通用语言文字教育的最基本、最有效的政策工具，其功能具有一定强制性、时效性和权威性，是实现和落实国家政策目标的有效政策手段。

另一方面，采用非强制性政策工具。基于政策工具选择的经济模型分析，非强制性政策工具一般是由政府采取一些具有一定约束力和非强制力的政策手段和措施，引导、激励政策客体响应和执行政府的公共政策。兵团普及国家通用语言文字教育政策工具常采用激励工具、象征与劝诫工具和能力建设工具。激励工具依靠奖励机制去引导推普工作。象征与劝诫工具假定个体是否采取政策行为建立在他们的价值认识和观念的基础上。能力建设工具是政策主体（政府或机构）通过对政策客体（个体或组织）提供教育、培训等提升个体或组织的政策响应能力，使不具备政策能力的人具有可执行政策的能力。例如，第三师图木舒克市开展推普工作，制定相关普及国家通用语言文字教育政策，颁布了《第三师图木舒克市开展少数民族国家通用语言培训实施方案》；各少数民族团场根据第三师图木舒克市的培训方案制定适合本团场的培训实施方案，如《五十一团开展2020—2022年少数民族群众国家通用语言培训方案》。再比如，有师市制定了激励政策，每年拿出100万元资金，用于表彰在提升国家通用语言文字教学质量工作中表现优秀的单位和个人。

四、兵团普及国家通用语言文字教育政策工具的效应

兵团普及国家通用语言文字教育政策在国家和新疆维吾尔自治区的统一部署下，配合运用法律法规、战略规划、实施方案、计划等政策工具，取得了很好的政策效应。

兵团普及国家通用语言文字教育政策工具在义务教育阶段的效应如下：兵团及各师市在新疆维吾尔自治区的统一部署下全面实施国家通用语言文字

教育，制定和实施了《兵团关于推进少数民族学前及中小学国家通用语言文字教学工作的实施意见》《国家通用语言文字普及攻坚工程实施方案》《兵团少数民族中小学及幼儿园国家通用语言文字教学质量提升行动计划》等政策文件，兵团推普工作在政策工具有效推进下取得较好成绩。

例如，2021 年 1 月 15 日，第三师图木舒克市教育局对师市 28 所学校一年级至九年级学生的国家通用语言文字教育质量进行检测，分别利用兵团、师市平均分对各学校成绩平均分进行排序，成绩反馈如下：①高出兵团平均分的共有 16 所学校，分别是第三师第一中学图市校区、第三师第一中学喀什校区、41 团学校、48 团学校、托云牧场学校、东风农场学校、50 团二中、46 团学校、51 团二小、45 团一小、49 团学校、42 团学校、44 团一小、红旗农场学校、53 团一小、53 团二小。28 所学校中有 9 所学校低于师市平均分。②第三师第一中学图市校区、第三师第一中学喀什校区、41 团学校、48 团学校、托云牧场学校、东风农场学校、50 团二中、46 团学校、51 团二小、45 团一小、49 团学校，以上 11 所学校的整体优秀率均超过 50%。③第三师第一中学图市校区、第三师第一中学喀什校区、41 团学校、48 团学校、托云牧场学校、东风农场学校、50 团二中、46 团学校、51 团二小、45 团一小、49 团学校、42 团学校、44 团一小，以上 13 所学校的整体及格率均超过 85%。

通过对第一层级 8 所学校平均分、第二层级 7 所学校平均分、第三层级 13 所学校平均分的排序，获得如下数据反馈：①师市第一层级平均分为 83.53 分，第三师第一中学图市校区处于领跑位置，有 4 所学校处于第一层级平均分以下。②师市第二层级平均分为 77.56 分，50 团二中处于领跑位置，有 4 所学校处于第二层级平均分以下。③师市第三层级平均分为 76.44 分，50 团二中处于领跑位置，有 6 所学校处于第三层级平均分以下。

兵团普及国家通用语言文字教育政策工具在少数民族群众的效应也取得较好成绩。例如，制定《第三师图木舒克市开展少数民族国家通用语言培训实施方案》，第三师人社局 2018—2020 年组织开展少数民族就业技能和国家通用语言文字教育培训 126 期，共 8 542 人次。其中：2018 年 74 期共 3 985 人次，2019 年 10 期共 887 人次，2020 年 1—11 月 49 期共 3 670 人次。将国家通用语言文字培训纳入职工技能培训计划，对按规定参加职业技能培训的少数民族职工群众增加 60 个学时的国家通用语言文字培训。2021 年 1—5 月，第三师少数民族职工群众实现新增就业 2 190 人，团场富余劳动力实现就业 1 108 人（其中少数民族劳动力 808 人），公益性岗位安置就业 2 662 人，开展各类少数民族职业技能培训 130 班次，培训 5 500 余人（次）。

政府通过委托职业学校开展少数民族人民群众国家通用语言文字培训工作，也取得较好效益。第一师阿拉尔市某职业技能培训学校承担了 10 团 100 人、11 团 115 人、13 团 130 人、托喀依乡 200 人的国家通用语言文字培训工作。经过 50 天的国家通用语言文字培训，职工群众在思想认识转变、学习效果评价和认、读、听、写能力等方面取得了初步成效。一是思想认识明显变化，由培训初期的“要我学”向“我要学”转变。学员们学习国家通用语言文字的积极性和主动性高涨，许多学员能主动把所学的国家通用语言文字知识运用在实际工作和生活中。如：认读路牌、广告牌的汉字，与家人一起学习国家通用语言文字知识，收听收看汉语广播电视节目等。二是对国家通用语言文字培训效果评价方式进行了修正。将测试成绩与抽查掌握认、读、听、写能力相结合，对于教学效果进行定性分析综合评价。三是学员认、读、听、写能力有长足的进步。学习结束后，大部分学员都能听懂日常用普通话，能用汉字书写请假条、借据、留言条等常用文书。结束后，第一师阿拉尔市党委统战部、教育局组织工作人员采取口试和笔试相结合的方式对培训工作进行了考核验收，考核验收结果是合格率达到 98%。

第四节　兵团普及国家通用语言文字教育政策工具选择策略

新疆地区多民族聚居，多语言、多种宗教并存。新疆各民族通过国家通用语言文字这一纽带与内地的经济、政治和文化交往交流交融，促进各民族日益紧密地结成文化相通、血脉交融、命运相连的命运共同体，形成和加强中华民族命运共同体意识。兵团普及国家通用语言文字教育，改善和提升少数民族人民群众国家通用语言文字能力，对兵团和新疆经济高质量发展和社会和谐稳定具有重要意义。

一、发挥国家通用语言文字教育政策工具的长效作用

（一）优化强制性政策工具配置，提高权威工具的执行力

政府是政策制定和执行主体，一般习惯运用强制性政策工具，即使用法规、命令等法律和行政手段完成政策任务、实现政策目标。强制性政策工具往往是有效而简便的政策工具。但是，政策主体往往也会忽略政策执行的环境，过于单一或强调一致性的强制性政策工具有时会不合适，从而发挥不了强制性政策工具的实效，甚至适得其反、损害或侵占政策客体的个人利益，以至于偏离政策最终目标。兵团普及国家通用语言文字教育应选择适合的政策工具，因地制宜，优化和配置好政策工具，使强制性政策工具发挥有效的执行力，使国家通用语言文字教育与少数民族群众的切身利益相结合，通过国家通用语言文字教育提升少数民族群众个体的语言文字能力、劳动技能和中华民族共同体意识，使少数民族群众通过国家通用语言文字的学习在政治、经济、社会、文化、教育等方面受益，让强制性政策工具转变为诱致性政策，使少数民族群体从被动的政策接受者转变为主动的要求者，进而使强制性政策工具达到其高效的执行力，实现国家、社会、个人等政策多方最优化收益。

（二）强调政策执行的稳定性，注重激励工具应用

强制性政策工具依靠政府的权威，利用法律、行政等手段行使政府职责，推动政策实施，但是，政策的执行往往会遇到各种阻力或原有政策制度的惯性，即制度变迁的路径依赖。路径依赖类似于物理学中的“惯性”，一旦进入某一路径，无论是好的还是坏的，都可能对这种路径产生依赖。兵团普及国家通用语言文字教育政策执行过程中，一些地方和个体可能对新的制度不适应或不认可，加上原有制度政策产生制度的惯性，在这种制度变迁的路径依赖中，新的政策实施往往会遇到较大阻力和需要付出较高成本。例如，兵团少数民族学校以前在实施国家通用语言文字教育政策时采用多种双语教育模式，或者保留少数民族语言教育，导致许多少数民族教师、学生对全面普及国家通用语言文字教育政策不适应，短期内转变教育模式或提升语言能力不现实，如果采用强制性政策工具则可能产生不良效果。这时，采用激励教育政策工具会起到事半功倍的效果。在国家通用语言文字教育中采用

一定经济或荣誉上的奖励和激励，使得这部分政策客体从原有制度惯性中尽快过渡到现有教育政策，从被动接受政策变为主动接受政策，从而更好地达到国家通用语言文字教育政策的目标和效果。因此，兵团普及国家通用语言文字教育应强调政策工具的平稳性，注重使用激励工具，并建立一套监督保障机制以确保激励工具按照既定目标运行。

（三）综合运用能力建设工具和学习工具

政策的有效实施仅依靠强制性政策工具是不完整的，面对政策环境的复杂性和政策目标的多样性，运用多种政策工具是必要的，也是完成政策任务、实现政策目标的有效方式。基于政策工具选择的综合模型，应多元化综合使用政策工具。因此，应配合运用强制性政策工具和非强制性政策工具，如综合运用能力建设工具和学习工具，这两种工具应用可以为政策实施对象夯实政策实施基础，稳步推进政策实施，做好政策执行的基础性工作。兵团实施国家通用语言文字教育政策使用能力建设工具，提供给受教育个体、群体及组织机构等做决策或采取行动的信息、培训、教育和资料。这些政策客体可能缺乏必要的信息、技术或资源，使得政策执行者或政策对象难以做出对政策目标有利的决策和行为。兵团对政策执行者和政策对象提供各类教育培训、技术支持、计划方案和信息资料等，也提供各类政策项目和工程，强化政策执行者和政策对象的能力建设。政策执行者和政策对象通过教育培训加强学习，从而具备把握政策的判断力和学习力。能力建设工具和学习工具等非强制性政策虽然没有权威工具的强制性和高效性，但是能有效配合权威工具的应用，也能弥补权威工具和激励工具的不足。

（四）运用政策工具的多重工具功能，发挥多种政策工具综合效应

政策工具的功能并不是单一的，一项具体的政策工具在发挥作用时会产生多种影响效应，具有综合性。政策制定者和执行者应善于塑造政策工具的价值，创造性使用和挖掘政策工具的功能。例如，使用激励工具对政策执行效果进行评估，如果评估结果未达到政策目标，可采取负激励措施进行惩罚，这就相当于权威工具；当对政策执行效果好的组织或个人进行奖励时，激励工具就发挥了正面效用。兵团普及国家通用语言文字教育的政策制定者或执行者应不局限于政策工具的单一性，在具体政策工具使用中灵活发挥具体政策工具的各种功能，这样才能发挥政策工具的综合效应。

二、构建国家通用语言文字教育政策工具选择机制

教育政策工具选择应基于政策稳定运行且能达到政策目标的机制做出适合的政策工具选择决策。一项政策工具的实施即使受到内外环境变化等的影响，仍能保障政策按照既定目标运行并发挥效用。政策工具发挥作用一般具有阶段性、动态性、开放性。教育政策工具运行一般遵循维护教育公平价值、规范政策系统运行、防范政策短期行为、节约政策运行成本和维护政策信用等价值理念，基于这样价值理念形成一套有效的政策工具选择机制，能有效保障政策工具的使用效用。

兵团普及国家通用语言文字教育政策工具选择机制主要基于以下价值判断和决策：

第一，维护教育公平价值。教育公平是国家发展高质量教育的基础。教育政策工具是政府保障促进教育公平的政策落实到位，公平实施教育利益权威性分配方案，发挥调适社会利益，实现教育公平的手段和措施。例如，按照《国家通用语言文字法》中“公民有学习和使用国家通用语言文字的权利”“国家为公民学习和使用国家通用语言文字提供条件”“地方各级人民政府及其有关部门应当采取措施，推广普通话和推行规范汉字”等规定，选择强制性政策工具能有效落实和保障公民接受教育公平的权利，能保障公民享有学习和使用国家通用语言文字的权利。

第二，规范政策系统运行。教育政策是一个整体系统，系统中各级各类政策之间、新旧教育政策之间、政策构成要素之间相互依存、相互作用，从而使整个教育政策系统能相对稳定有序运行。同时，教育政策又是社会公共政策系统的一部分，与国家政治、经济、文化、社会等领域的问题和政策密切相关，共同构筑国家完整的公共政策系统，支撑和保障社会各事业的和谐发展。因此，政策工具选择必须保障政策系统平稳运行，保障国家的公共政策系统能维护内外各种利益关系，从而维护社会稳定发展。兵团普及国家通用语言文字教育政策工具选择时，必须规范国家通用语言文字教育政策系统运行，权衡政策系统各种利益，维护和保障政策系统秩序，减少矛盾和冲突，与国家的政治、经济、文化、社会等发展协调，维护新疆经济社会发展，实现新疆社会稳定、长治久安。

第三，防范政策短期行为。教育政策工具选择应着手教育政策执行的长期效应，防止工具运用对教育政策实施短期效应或政策工具运用的随意调整。如果频繁调整一项政策，会失去政策权威，使政策实施对象产生不确定感而抵制一项政策的实施。兵团普及国家通用语言文字教育政策涉及民族地区国家利益、群众利益，是一项长期稳疆固边、繁荣经济、惠及民众的教育政策，保持教育政策工具的持续稳定有利于防范短期的、负面的政策行为。

第四，节约政策运行成本。教育政策执行需要直接或间接地耗费人力、物力、财力等经济成本，也会使用大量行政、教育、社会等资源，政策成本有时也是决定政策效果的衡量标准。兵团普及国家通用语言文字教育政策工具选择应注重节约工具应用的成本，在衡量推普工作目标的基础上考虑政策工具选择，以确保在节约政策运行成本的基础上选择适宜的政策工具。

第五，维护政策信用。教育政策是政府对教育利益的权威分配，政策的制定、执行和评估是政府信用的体现，一项教育政策制定和实施是政府对民众的承诺。如果政策工具不稳定，经常性调整或不能达到预期目标，可能会使公众对政府的能力产生不满和失望情绪，政策会失去信用、损害公众的利益，公众对教育政策的遵循程度会降低，政府的形象与信用会受到影响。兵团普及国家通用语言文字教育政策工具选择应考虑政府的权威和信用，遵循政策的稳定性、可持续性和有效性，充分考虑政策环境，不仅要着手当前的政策实施，而且要考虑政策的长期效应，从而树立政府权威和信用，更好发挥政策有效的持久力，保障国家通用语言文字普及推广。

三、配置创新国家通用语言文字教育政策工具

第一，考虑到各类政策工具的特点及适用范围，进一步优化相关政策工具组合。每种政策工具的适用范围和优劣势都不相同，要灵活发挥多重工具效能，必须要了解不同政策的互动机理。工具主义认为，政策工具的属性本身构造了政策过程，也就是政策工具的特性决定了工具使用及其效果的好坏，而政策工具本身存在的缺陷导致了政策失败的结果。虽然该论断夸大了工具特征本身的作用，但在选择政策工具时，应注意对每种工具的价值和使用情况进行分析，将政策工具合理地应用在不同政策主题领域。我国国家通

用语言文字教育政策不断随着时间的推移产生变化和发展，为更好提升国家通用语言文字教育政策工具的针对性及实用性，提升公民国家通用语言文字能力，需进一步优化国家通用语言文字教育政策工具组合。

第二，避免过度使用命令性工具。改革开放以来，各项国家通用语言文字教育政策的推行都取得了良好的政策效果。命令性工具在此过程中发挥了强有力的作用，它使纵向信息得以迅速传递，使出现的各种问题得以快速、灵活和有效解决，但其忽略目标团体的利益表达、容易与“人治”相联系等缺点也不容忽视。国家通用语言文字教育政策工具的选择应充分考虑到各种政策工具的特点，做到扬长避短。如在选用命令性工具的同时可以适当结合其他自愿性工具，吸引众多主体参与政策执行，以提升政策效果，更好发挥国家通用语言文字教育政策的效率。

第三，适当增加激励工具和系统变革工具的运用。目前，我国国家通用语言文字教育政策的主要政策工具是命令性工具，其对国家通用语言文字教育发展的合法性、发展的方向等方面具有重要意义，但激励工具和系统变革工具运用不足。命令工具适用于行为一致，而激励工具则更鼓励差异，不同的政策工具之间应相互协调一致，服务于共同的政策目标。因此，在国家通用语言文字教育政策实施过程中，应合理运用象征和劝诫工具，在强化国家通用语言文字教育的政治意义和法律地位的前提下，进一步优化政策工具组合，适当增加激励工具的运用，充分调动各主体（包括政策对象及执行者）的积极性和主观能动性，如开展物质及精神奖励、对接受培训师资的考核标准更加细化、评选优秀国家通用语言文字教材等都属于激励工具的有效形式。此外，增加系统变革工具的使用来建立健全专门的机构管理体系，以加强对国家通用语言文字教育的领导和管理，如加快国家通用语言文字教育在课程设置、教学模式等方面的完善等。

总之，国家通用语言文字教育应做到合理配置和创新使用各种政策工具，各政策工具相互间协调一致、共同服务于统一的政策目标，这是政策实施中必须遵循的基本原则。

第七章 研究结论与政策建议

第一节 研究结论

本书分析了国家通用语言文字教育对兵团少数民族劳动力就业及收入的影响，揭示了国家通用语言文字教育对少数民族劳动力就业的作用机制。少数民族劳动力接受国家通用语言文字教育能有效提升交流沟通和获得其他技能的人力资本，并通过参与非农就业提高劳动生产率，提升劳动收入，走向共同富裕的持续发展道路。本书分析了国家通用语言文字教育对兵团维稳戍边和少数民族劳动力个体的重要意义，调查了兵团普及国家通用语言文字教育和少数民族劳动力国家通用语言文字能力现状，分析了国家通用语言文字教育对少数民族劳动力就业及收入的影响效应，从政策工具视角研究了国家通用语言文字教育政策变迁与实施路径，得出以下结论：

（一）普及国家通用语言文字教育是兵团稳疆固边和新疆社会稳定的战略举措，对提升兵团少数民族劳动力就业及收入、巩固拓展脱贫攻坚成果、接续乡村振兴、实现共同富裕有长期显著的影响效应

1. 国家通用语言文字教育有效增强兵团各族人民群众文化认同

（1）国家通用语言文字教育提升了兵团少数民族人民群众的人文素养和文化认同，促进少数民族群体对中华民族文化的理解，增强对中华民族优秀文化认同的自觉，有效地继承并弘扬中华优秀传统文化，培养和提升少数民族对中国特色社会主义的文化自信。

（2）国家通用语言文字教育促进兵团文化教育事业发展，弘扬兵团精神、胡杨精神、老兵精神，传承兵团文化，坚定文化自信。国家通用语言文字教育促进了兵团文化事业建设，促进各族人民群众更好地理解、发扬和传承兵团文化、兵团精神，继而升华和继承了中华优秀传统文化和精神

财富。

（3）推进新时代兵团意识形态建设，培育社会主义核心价值观、树立“五个认同”意识和铸牢中华民族共同体意识。国家通用语言文字教育有利于为新疆多民族、多宗教的社会提供知识桥梁和精神纽带，这一纽带可以超越不同宗教信仰、不同民族心理、不同思想观念的界限，从而建立起更加和谐、更加稳定的和谐社会与文化认同观。

2. 国家通用语言文字教育促进兵团各民族交往交流交融

国家通用语言文字教育促进少数民族群众提升国家通用语言文字能力，促进新疆各民族人民群众进行更为广泛、更为深层的交往交流交融。国家通用语言文字教育培育中华文化共性的人格特征，使兵团各族人民群众在多民族、多文化、多宗教的民族地区生产中和面对不同民族、不同宗教和不同文化的个体交往交流中具有稳定性和情感共鸣，避免产生心理矛盾与心理压力，在与不同民族个体交往交流时具备更大的主动性与包容性。

国家通用语言文字教育搭建了各民族交往交流交融的通道。国家通用语言文字是各族人民交往交流交融的沟通媒介，有助于创建和谐的国家通用语言文字环境，破解各族人民群众语言沟通交流不通的瓶颈，促进各族人民群众交往交流交融交心，建设平等、团结、互助、和谐的新型民族关系，有利于兵团各族人民群众共创共享和谐和睦的社会环境，构筑共有的精神家园。

3. 国家通用语言文字教育有效促进兵团治理现代化

国家通用语言文字教育提升了兵团各民族群众教育水平和国家通用语言文字能力，提升少数民族公民政治参与的能力素质，有利于确保我国社会主义民主制度的有效落实，体现我国社会主义制度优越性。国家通用语言文字教育有助于兵团落实全面依法治国战略举措，推进兵团治理体系和治理能力现代化，为实现兵团和新疆教育现代化和全面现代化奠定重要基础。

4. 国家通用语言文字教育保障兵团维稳戍边和国家安全

国家通用语言文字教育为兵团提供政治合格、业务精良、扎根边疆的维稳戍边队伍奠定了坚实基础。国家通用语言文字教育对兵团发挥调节社会结构、推动文化交流、促进区域协调、优化人口资源“四大作用”具有重要作用，保障了兵团履行维稳戍边职能，促进了边疆社会稳定和国家安全。

5. 国家通用语言文字教育促进兵团少数民族就业及增收

国家通用语言文字教育提升少数民族劳动力人力资本，提高其工作能力，促进其就业及收入提升。国家通用语言文字教育有助于扩大兵团少数民族劳动力就业信息渠道，拓宽其就业空间，促进少数民族劳动力融入城市化社会活动、降低交流障碍、节约交易成本、提高收入水平。国家通用语言文字在新疆民族地区的政治、经济、文化、教育、信息技术等领域发挥了重大作用，国家通用语言文字教育为新疆提供人力资源保障，促进边疆地区的经济繁荣和社会稳定。

（二）兵团普及国家通用语言文字教育取得显著成效，少数民族劳动力国家通用语言文字能力明显提升

兵团普及国家通用语言文字教育呈现持续良好状况。兵团少数民族劳动力国家通用语言文字掌握程度处于中等偏上水平，虽然家庭内部成员交流时基本使用少数民族语言文字，但在工作中大多用国家通用语言文字交流，并且兵团少数民族劳动力已经意识到国家通用语言文字教育在生产生活中有着不可撼动的地位，对于推动国家通用语言文字教育的态度是正向且积极的。

兵团普及国家通用语言文字教育培训成效显著。兵团少数民族劳动力更倾向于参与村镇组织的免费国家通用语言文字教育培训，对自费参与民办国家通用语言文字教育培训积极性不强。从兵团少数民族劳动力接受过国家通用语言文字教育培训的时长和频率来看，3 个月及以上的人数和最高接受过 4 次以上教育培训的人数所占比例最高。从兵团少数民族劳动力接受国家通用语言文字教育培训的意愿来看，大多数人认为国家通用语言文字教育培训对其专业技能发展和就业情况具有正向影响，且支持教育培训持续深入开展。

兵团少数民族劳动力国家通用语言文字能力普遍提升。通过对兵团少数民族劳动力国家通用语言文字听、说、读、写 4 个维度的调研，发现兵团少数民族劳动力国家通用语言文字能力处于中等偏上水平，基本掌握国家通用语言文字，但仍待进一步提高，尤其是读和写的能力有待进

一步提高。

（三）国家通用语言文字教育对兵团少数民族劳动力就业及收入有显著影响效应，国家通用语言文字的听、说、读能力对劳动力就业及收入影响明显

1. 国家通用语言文字教育提升了兵团少数民族劳动力就业能力

一是少数民族劳动力普通话能力提升了工资水平。听的能力在第二产业行业就业尤为重要，读的能力能够显著影响就业的稳定性。二是普通话能力对兵团少数民族劳动力在企业、行政机关及教育部门等就业影响突出，写和说的能力在这些领域就业要求更高。三是普通话能力可被视为技能偏向性人力资本，随着普通话能力的提升，偏向性技术也得到进步，从而提高其人力资本溢价能力。提升少数民族普通话能力，能提高其就业质量，提升劳动力就业率，是推动地区经济发展的重要基础。

2. 国家通用语言文字教育促进兵团少数民族劳动力收入提升

一是国家通用语言文字能力对少数民族劳动力收入有显著拉动作用，其中听、说、读、写技能对收入的影响明显。二是国家通用语言文字能力对不同少数民族劳动力群体收入的影响具有异质性。国家通用语言文字能力对劳动力收入的溢出效应呈边际递增趋势，收入层次越高，能力的回报率越高。三是在市场信息不对称的情况下，国家通用语言文字能力作为雇主做出“是否雇用”决策的筛选器，能够增加劳动力的信息优势和资源优势，使少数民族劳动力获得更多的非农就业机会，实现收入增长和职业成功。

3. 国家通用语言文字教育培训有效促进兵团少数民族劳动力转移就业

一是国家通用语言文字教育培训提升少数民族农村劳动力国家通用语言文字能力，促进转移就业。接受国家通用语言文字教育培训的少数民族农村劳动力非农转移就业和区域转移就业的概率明显提升。二是国家通用语言文字教育培训促进少数民族农村劳动力非农转移就业的影响大于区域转移就业的影响。三是国家通用语言文字教育培训途径不同，对少数民族农村劳动力转移就业的影响不同。通过国家培训对少数民族农村劳动力非农转移就业和区域转移就业影响明显，而自我培训（自学）对少数民族农村劳动力非农转移就业有影响，对区域转移就业影响不显著。

（四）兵团普及国家通用语言文字教育政策发挥了有效作用，政策工具的权威工具、激励工具、象征与劝诫工具、能力建设工具、学习工具的优化配置对推普产生效果更明显

兵团普及国家通用语言文字教育政策系统运行有效。兵团在普及国家通用语言文字教育过程中形成了政策输入、政策系统环境和政策输出3个政策过程，有效保障了国家通用语言文字教育有序推进。随着国家通用语言文字的政策系统环境变化，国家通用语言文字的教育政策不断适应新要求而优化变迁，兵团普及国家通用语言文字教育政策随着国家政策和兵团实际不断优化调整。

兵团普及国家通用语言文字教育政策工具选择配置有效。兵团普及国家通用语言文字教育政策工具采用激励工具、象征与劝诫工具、能力建设工具。利用激励工具，依靠奖励机制去引导推普工作；运用象征与劝诫工具，假定个体是否采取政策行为建立在他们的价值认识和观念的基础上；借助能力建设工具，政策主体（政府或机构）通过对政策客体（个体或组织）提供教育、培训等提升政策客体（个体或组织）的政策响应能力，使不具备政策能力的人具有可执行政策的能力。

第二节　政策建议

国家通用语言文字教育是提升兵团劳动力基本素质、职业技能和就业能力的重要途径。少数民族劳动力熟练掌握国家通用语言文字，不仅能提升劳动力就业质量，巩固拓展脱贫攻坚成果，接续乡村振兴，而且能有效促进与各民族交往交流交融，铸牢中华民族共同体意识，自觉成为维护民族团结、国家安全、祖国统一，实现中华民族伟大复兴的践行者。兵团普及国家通用语言文字教育工作认真学习领会习近平总书记关于教育的重要论述，全面贯彻党的民族政策和教育方针，坚定不移普及推广国家通用语言文字，促进各民族交往交流交融，不断巩固和发展“中华民族一家亲、同心共筑中国梦”，将国家通用语言文字教育作为实现兵团履行“三大功能”、发挥“四大作用”的战略举措和重要保障。

（一）兵团普及国家通用语言文字教育提升到稳疆兴疆的国家战略层面

1. 深入实施国家通用语言文字教育发展战略，高效落实推普行动

国家通用语言文字教育是兵团履行维稳戍边职责，推进新疆社会稳定和长治久安的重要战略举措。少数民族人民群众学习好、使用好国家通用语言文字是宪法规定的公民责任，推广好、普及好国家通用语言文字是铸牢中华民族共同体意识的重要途径。兵团普及国家通用语言文字教育，有助于各族人民群众培育中华民族共同体意识、增进文化认同和国家认同，有利于弘扬以爱国主义为核心的民族精神，增强中华民族的凝聚力和向心力。兵团普及国家通用语言文字教育，是各族人民群众公平地享受教育权利的基本保障，是继承弘扬中华优秀文化、铸牢中华民族共同体意识、促进新疆社会稳定和长治久安的重要战略举措。

新时代兵团深入落实党的治疆方略，履行维稳戍边职能，成为安边固疆的“稳定器”、凝聚各族群众的“大熔炉”、先进生产力和先进文化的“示范区”，就应发挥兵团特殊体制优势，深入实施推广普及国家通用语言文字战略规划，全面落实国家通用语言文字教育行动。一是提升学校教育质量。针对各级各类学校教育，兵团应进一步提升各级各类学校国家通用语言文字教学质量，提升少数民族学生熟练应用国家通用语言文字的能力。二是加强非学校教育，即各类各级教育培训。重点针对南疆师市团场，特别是第三师、第二师、第十四师和北疆民族聚居的团场，将推普工作与巩固拓展脱贫攻坚成果结合，深入落实巩固拓展脱贫攻坚成果同乡村振兴有效衔接战略。兵团应制定实施兵团全面推广普及国家通用语言文字的发展规划和实施计划，将推进国家通用语言文字教育作为铸牢中华民族共同体意识的重要途径，使其成为建设高质量教育体系的基础支撑和实施乡村振兴战略的有力举措，成为促进兵团经济社会发展和稳疆兴疆、长期建疆的“助推器”。

2. 国家通用语言文字教育与兵团经济社会文化发展战略结合

（1）普及国家通用语言文字教育与产业升级优化对劳动力需求相结合。兵团各地国家通用语言文字教育培训应与区域产业升级对劳动力需求方向结合，与技能培训、人才培养、区域产业人才需求对接，以达到劳动力市场供给与需求均衡，即产业升级对劳动力技能需求与教育培训产生的劳动力技能供给匹配，也就是市场需要具备什么技能的劳动力，就培训具备什么技能的

劳动力。兵团及各师市应依据《兵团十四五规划和二〇三五远景目标纲要》《兵团新型工业化发展“十四五”规划》的战略部署，推动资源密集型产业健康发展、大力发展劳动密集型产业、培育壮大战略性新兴产业等。按照这一战略部署，南疆和北疆少数民族聚集的师市团场，特别是第三师、第二师、第十四师、第一师、第四师、第九师等应与产业发展规划结合，与产业发展的技能人才需求对接，为适应产业升级人才需求和推进产业升级转型的人才支撑提供高质量的熟练掌握国家通用语言文字的技能型人才保障。基于产业升级转型的人才需求，兵团各级各类针对劳动力的国家通用语言文字教育培训应将普通话推广与职业技能培训结合，针对社会需求，有效提高少数民族劳动力国家通用语言文字能力和职业技术技能水平，提高少数民族劳动力就业能力，为满足新兴产业对高素质技能型人才的需求奠定基础。

(2) 普及国家通用语言文字教育与各民族交往交流交融的社会需求结合。国家通用语言文字是促进各民族交往交流交融的桥梁和纽带，推广普及国家通用语言文字是促进各民族交往交流交融的重要途径。兵团普及国家通用语言文字教育是促进各民族团结，推进各民族相互往来和社会流动，满足各民族“大杂居、小聚居”相应交错居住的交往交流交融社会需求的应然诉求和实践行动。新形势下兵团应将国家通用语言文字教育与民族团结教育结合，将其作为加强交往交流交融的基础工作，通过语言学习、交流促进少数民族人民群众和劳动力社会流动，与各族人民群众在共同生产生活中加深了解、增进感情，形成相互往来、邻里守望的友好关系。

(3) 普及国家通用语言文字教育与新时代中国特色社会主义文化建设需求结合。国家通用语言文字是各民族继承弘扬中华优秀传统文化的基石，普及国家通用语言文字教育是开展中国特色社会主义文化建设的重要路径。兵团应进一步履行戍边使命和稳疆兴疆的职责，将推广普及高质量的国家通用语言文字教育工作作为继承中华优秀传统文化、加强民族团结教育和铸牢中华民族共同体意识的攻坚战和持久战。

兵团普及国家通用语言文字教育工作应围绕第三次中央新疆工作座谈会提出的“依法治疆、团结稳疆、文化润疆、富民兴疆、长期建疆”新时代党的治疆方略，深入学习领会习近平总书记关于社会主义文化建设的重要论述，扎实有效推进实施文化润疆工程，深刻把握实施文化润疆工程的目标任务和实践要求，将推普工作与文化润疆工程结合起来部署并落到实处。例如，组织兵团基层职工群众观看阅读反映新疆历史和兵团历史、具有中华文化底蕴、融合现代文明、群众喜闻乐见的电影、电视剧和图书等精品作品，既达到普及国家通用语言文字的目标，又切实开展了文化润疆行动。

兵团要认真贯彻落实以习近平同志为核心的党中央决策部署，认真落实《文化润疆工程规划纲要（2021—2030 年）》，深入实施文化润疆工程，依法全面推广普及国家通用语言文字，繁荣发展兵团文化事业和文化产业，营造各民族文化交流融合的良好氛围，建设好兵团先进文化示范区。兵团各师市团场应将普及国家通用语言文字教育工作与传承中华优秀传统文化活动结合，通过开展多层次、全方位、立体式讲好兵团故事、新疆故事等各族人民群众喜闻乐见的文化活动，推动中华优秀传统文化进学校、进家庭、进社区，以国家通用语言文字交流平台促进各族群众交往交流交融。

（二）完善普及国家通用语言文字教育的政策体系与保障机制

兵团应依据国家法律法规进一步健全完善普及国家通用语言文字教育的政策体系和保障机制，稳步推进推普各项工作。《国家通用语言文字法》规定：“国家推广普通话，推行规范汉字。”国家的语言文字政策方针和法律法规，对兵团普及国家通用语言文字教育，构建依法治疆、团结稳疆、文化润疆、富民兴疆、长期建疆的现代化的治理体系和治理能力提供了坚实保障，为建设团结和谐、繁荣富裕、文明进步、安居乐业、生态良好的新时代中国特色社会主义新疆发挥重要作用。

1. 完善兵团普及国家通用语言文字教育的政策体系

（1）进一步完善兵团普及国家通用语言文字教育的政策系统。兵团应进一步完善普及国家通用语言文字教育政策系统，促使教育政策主体、教育政策客体、教育政策环境之间形成完整的互动反馈机制，构成具有自我反馈、修正能力，生生不息、良性发育、持续发展的国家通用语言文字教育政策系统。国家通用语言文字教育政策过程是一个动态运行过程，每个阶段的教育政策制定是整个政策动态过程的逻辑起点和基础，直接影响和决定政策过程后续阶段的程序和任务，决定政策过程的走向。兵团普及国家通用语言文字教育政策主体、客体与环境以及政策系统的各个子系统之间相互联系、相互作用，使教育政策系统呈现为一个动态的运行过程。兵团普及国家通用语言文字教育政策系统的政策输入、政策环境和政策输出几个子系统应相互协调、相互作用、相互影响，使国家通用语言文字教育政策不断优化，适应新环境、新时期的社会经济文化的发展。随着国家通用语言文字教育政策系统环境变化，国家通用语言文字教育政策不断适应新要求而优化变迁，兵团普及国家通用语言文字教育政策随着国家政策和兵团实际不断优化调整。

（2）优化配置运用国家通用语言文字教育政策工具。普及国家通用语言文字教育是一项国家的基本公共政策，其实施政策是一个复杂的教育政策系统。兵团普及国家通用语言文字教育应综合运用好各项教育政策工具，强化各政策工具的执行效应，相互配合，灵活运用，最大化发挥教育政策工具效应。

第一，运用好具有强制性的权威政策工具，发挥好权威政策工具的效应。权威政策工具是一种最普遍的政策工具，是政府为实现政策目标而使用的最常用的政策手段，是支配个人和机构行为的规则。兵团普及国家通用语言文字教育应按照教育规划目标和任务有效地使用好权威政策工具，在实施权威政策工具过程中将政府的政策目标与少数民族人民群众的切身利益结合，使少数民族人民群众切身获得国家通用语言文字教育政策实施效益，从而自觉地将强制性政策工具转变为诱致性政策，使得少数民族群体积极主动地接受国家通用语言文字教育，发挥权威政策工具的最大效应。

第二，善于运用激励工具有效配合权威政策工具。兵团普及国家通用语言文字教育应善于运用激励工具，建立有效的保障机制，使得激励工具有效配合权威政策工具实施以达到政策目标。权威政策工具依靠国家的法律、行政等手段推行政策，但是，权威政策工具实施过程中有时会遇到阻力或执行不畅。而激励工具则是依靠正向或负向的措施诱导人们遵从或激励人们使用。因此，兵团普及国家通用语言文字教育应广泛使用激励工具，积极引导人们遵从相关政策，主动配合政府开展的推普工作，发挥政策激励工具的作用。

第三，积极推动象征与劝诫工具和能力建设工具运用。一项政策要有效落实，应有政策客体积极主动参与。兵团普及国家通用语言文字教育应通过象征与劝诫工具鼓励人们对推普政策的遵从、参与或支持，响应政府的政策从而采取自发的、有利于达到政策目标的行动，而无需政府采用强制性或行政手段。政策的实施者是推动政策有效执行的主体。兵团普及国家通用语言文字教育应对基层政策执行者开展政策培训，强化政策执行者的能力建设，使其具备把握政策的判断力和学习力。

第四，激发多种政策工具组合运用的综合效应。兵团普及国家通用语言文字教育政策的制定者或执行者应不局限于政策工具单一性，在具体政策工具使用中灵活发挥具体政策工具的各种工具功能，这样才能发挥政策工具的综合效应。政策工具的功能并不是单一的，一项具体的政策工具在发挥作用时本身会产生多种影响效应，具有综合性，政策制定者和执行者应善于塑造政策工具的价值，创造性使用和挖掘政策工具的功能。

2. 完善兵团普及国家通用语言文字教育的保障机制

兵团应按照党中央和国家各部委有关国家通用语言文字普及的精神和部署，构建国家通用语言文字教育的保障机制。兵团及各师市的各级教育行政部门和语言文字工作部门要把国家通用语言文字教育作为重要职责，作为兵团教育高质量发展和国家通用语言文字建设发展的重要任务。兵团各部门、各师市要明确责任和分工，根据实际制定实施方案，落实地方政府主体责任，动员社会各方面力量参与各地国家通用语言文字普及工作。

（1）加强组织领导。在兵团党委统一领导和各师市党政的统一领导部署下，加强各级教育行政部门、语言文字工作部门等的国家通用语言文字教育工作，完善“政府主导、部门统筹、师市主抓、社会参与”的管理体制。各师市要将推普工作纳入政府议事日程和政府绩效管理目标，由分管领导负责主抓，主要领导统一指挥，切实加强对推普工作的领导和支持。各部门和各师市上下要统一行动、相互协调配合，切实将兵团普及国家通用语言文字教育工作落实到位，提高推普工作实效。

（2）创新工作机制。建立兵团普及国家通用语言文字教育的多部门协同的联席会议制度，推动各相关部门围绕自身发展创造性开展推普工作。完善咨询委员会制度，充分发挥专家作用。进一步调动师市、团场、基层工作积极性，依法开展推普工作督导评估，加强各地推普工作履职督查，建立问责机制，形成长效机制。

（3）创新社会参与机制。兵团各部门应加强政策引导，吸引和扶持推普相关领域学术团体、社会组织以及志愿者等各方面力量，在咨政建言、宣传教育、学术研究、交流合作、培训服务、检测评价等方面发挥积极作用。委托社会机构对推普政策落实和规划计划的贯彻实施情况进行评估，加强社会监督。

（4）建立与民办推普培训机构的合作机制。兵团各师市应引导职业教育学校、教育培训机构等多方面力量在推普培训、推普经验推广等发挥积极作用。

（5）加强推普宣传教育。兵团推普工作应创新宣传手段和方式，继续开展全国推广普通话宣传周活动。各师市应将国家通用语言文字相关法律法规纳入法治宣传教育内容，面向新闻出版、广播影视、新媒体、公共服务行业以及机关、学校、相关社会组织、城乡社区，开展法律法规、方针政策、规范标准和基础知识普及性宣传；及时对语言文字社会热点问题进行引导，增强公民的国家通用语言文字意识，营造规范使用国家通用语言文字的社会环境。

（6）保障经费投入。建立健全推普教育事业经费投入机制，逐步加大对推普教育的经费投入力度，对南疆师市连队和边远、边境地区推广普及国家通用语言文字给予经费倾斜。兵团推普重点师市应充分利用对口支援省市为少数民族人民群众提供的各类培训项目，与国家通用语言文字教育培训紧密结合，并且争取多渠道筹措推普发展资金，鼓励企业、团体、个人捐赠。

（三）深入推进兵团少数民族劳动力的国家通用语言文字教育工作

国家通用语言文字是少数民族劳动力就业的基本技能和重要工具，学习掌握国家通用语言文字是提升少数民族劳动力职业技能和就业能力的重要途径。兵团各民族人民群众聚居师市团场应针对各地具体实际深入推进国家通用语言文字教育，精准施策，持续发挥国家通用语言文字的多方位价值，在少数民族劳动力个体的人力资本、文化素养和综合能力上发挥多方效应，从而将兵团各地少数民族劳动人口有效转变为人力资源，实现既有效提升少数民族职工群众的生产收入和生活水平，又为兵团维稳戍边、稳疆兴疆、长期建疆提供高素质的人力支撑。

1. 深入推进国家通用语言文字教育培训，提升少数民族劳动力人力资本

第一，引导和支持吸纳少数民族劳动力的企业积极开展普通话与职业技能培训。鼓励南疆各师市企业依托地方要素优势和政策支持，积极吸纳少数民族劳动力就业，提供更多的就业岗位，针对岗位要求开展普通话与技能培训结合的专项综合培训。第二，针对农业富余劳动力持续推进“职业技能+普通话”教育培训。针对普通群众积极开展普通话培训，灵活合理设计培训内容和方式。推行各种各样便利群众接受的培训形式，推出各类便于学习的资料，如口袋书、资源包、实用培训教材等。同时，针对团场连队务农群众，充分利用“互联网+”、广播电视“村村通”等，将推普对象全覆盖，扩大培训规模，进一步提升培训效果，促使少数民族人民群众人人都能听懂普通话、人人都会说普通话。

2. 开展多形式全方位提升就业能力的技能综合培训

第一，针对各类富余劳动力，全方位开展“普通话+手艺”的综合培训。兵团各基层应紧密围绕经济社会发展需求，设计和实施适应基层劳动力提效增收、非农就业、新岗位就业、自主创业等有特色的、有针对性的培训项目，采用多种方式，利用团场（企业）农闲、冬闲开展农业技术、适用工种技术、农家乐旅游等实用技能培训，针对妇女群体开展“手工编织”“美容美发”“面点制作”等传统手艺和“电商购物”“网络营销”“直播推广”等新型营销技术培训。第二，开展职业教育“1+X”证书培训。依托兵团职业院校、职业培训机构吸纳少数民族劳动力开展职业教育“1+X”证书培训工作，即“普通话等级证书+若干职业技能等级证书”。兵团职业院校应积极针对少数民族劳动力开展提升普通话与职业技术能力的培训，探索对少数民族劳动力培训后进行测试，测试合格即颁发普通话等级证书，同时参考职业教育“1+X”证书制度，积极开发特色培训项目，加大对南疆师市职工群众的培训力度。

3. 提升少数民族劳动力国家通用语言文字教育培训质量

第一，完善政府、行业企业、学校、社会等多方参与的推普质量监管评价机制。兵团各师市应构建和完善对各级各类推普培训的质量监控和评价机制，在国家通用语言文字教育培训中做好培训的规范和引导作用。国家通用语言文字教育培训应以提升普通话能力为核心，把文化素养、中华民族共同体意识、民族团结，以及职业道德、技术技能、就业质量和创业能力作为评价培训质量的重要方面。第二，提升国家通用语言文字教育培训质量。积极有效开展国家通用语言文字教育培训，构建各层次各类国家通用语言文字教育培训体系，大力实施推普质量提升行动计划，有效提升少数民族劳动力熟练掌握和使用国家通用语言文字的能力，提高劳动力就业能力。国家通用语言文字教育培训应针对南疆师市重点区域，实行重点推普培训举措，切实保障推普培训质量；应针对不同人群因材施教，重点是语言培训，核心是把民族团结进步教育、铸牢中华民族共同体意识融入推普培训。应积极推进社会、企业开办培训班，采取民汉混班教学、混合住宿，通过各民族劳动力交往交流交融有效提升培训质量。

参考文献 REFERENCES

常安，2021. 论国家通用语言文字在民族地区的推广和普及——从权利保障到国家建设［J］. 西南民族大学学报（人文社会科学版），42（1）：1－10.

陈媛媛，2016. 普通话能力对中国劳动者收入的影响［J］. 经济评论（6）：108－122.

程虹，刘星滟，2017. 英语人力资本与员工工资——来自2015年“中国企业—员工匹配调查”的经验证据［J］. 北京师范大学学报（社会科学版）（1）：34－50.

程虹，王岚，2019. 普通话能力与农民工工资——来自“中国企业—劳动力匹配调查”的实证解释［J］. 教育与经济（2）：37－46.

丁赛，阎竣，2021. 国家通用语言能力对民族地区农村劳动力非农就业的影响研究［J］. 民族研究（1）：52－65，140.

方超，黄斌，2020. 教育扩张与农村劳动力的教育收益率——基于分位数处理效应的异质性估计［J］. 经济评论（4）：81－96.

方晓华，2017. 少数民族学习和使用国家通用语言文字的必要性与紧迫性［J］. 双语教育研究，4（4）：1－10，93.

付义荣，2010. 也谈人口流动与普通话普及——以安徽无为县傅村进城农民工为例［J］. 语言文字应用（2）：73－81.

韩佳蔚，2014. 试论新时期“推普”与普通话教育的重大意义［J］. 文教资料（23）：53－54.

何洋，2020. 普通话水平与农村劳动力非农就业——基于CFPS2016年的实证分析［J］. 西安财经大学学报，33（5）：106－113.

胡咏梅，唐一鹏，2018. 公共政策或项目的因果效应评估方法及其应用［J］. 华中师范大学学报（人文社会科学版）（3）：168－181.

黄海英，2019. 新疆全面推行国家通用语言文字与语言扶贫的关系研究［J］. 边疆经济与文化（2）：88－90.

黄少安，苏剑，2011. 语言经济学的几个基本命题［J］. 学术月刊（9）：82－87.

黄少安，王麓淙，2020. 民族地区语言扶贫的经济理论基础和实证分析［J］. 语言文字应用（4）：26－36.

贾海彦，2008. 公共品供给中的政府经济行为分析——一个理论分析框架及在中国的应用

[M]. 北京：经济科学出版社.

姜太碧，刘嘉鑫，2020. 城市少数民族汉语能力与收入效应分析 [J]. 民族学刊，11 (5)：7-18，129-130.

金江，尹菲菲，张莉，2017. 方言能力与流动人口的借贷机会——基于 CLDS 的经验研究 [J]. 南方经济 (9)：85-102.

靳希斌，2016. 教育经济学 [M]. 北京：人民教育出版社.

郎玉鸽，2020. 新时代加强西部地区国家通用语言文字培训路径探析 [J]. 北方民族大学学报 (6)：20-26.

雷昊，王善高，姜海，2020. 语言能力对劳动者收入的影响效应研究——基于外语、普通话和方言的实证分析 [J]. 西北人口，41 (6)：15-24.

李秦，孟岭生，2014. 方言、普通话与中国劳动力区域流动 [J]. 经济学报 (4)：68-84.

李瑞华，2019. 精准扶贫背景下民族贫困地区国家通用语言的教育价值探析——基于对青海省贫困藏区语言使用情况的调查 [J]. 民族教育研究，30 (6)：58-63.

李志忠，游千金，2017. 新疆南北疆维吾尔族国家通用语言水平的现实差异研究 [J]. 新疆社会科学 (4)：64-72.

梁斌，吕新，张泽，等，2021. 农业现代化视野下培育发展农业战略新兴产业的路径研究——以新疆生产建设兵团为例 [J]. 农业经济 (4)：3-6.

刘国辉，张卫国，2016. 中国城市劳动力市场中的“语言经济学”：外语能力的工资效应研究 [J]. 山东大学学报（哲学社会科学版）(2)：46-52.

陆铭，张爽，2007.“人以群分”：非市场互动和群分效应的文献评论 [J]. 经济学（季刊）(3)：991-1020.

罗明忠，邱海兰，陈小知，2021. 农机投资对农村女性劳动力非农转移就业影响及其异质性 [J]. 经济与管理评论，37 (2)：127-137.

罗明忠，唐超，吴小立，2020. 培训参与有助于缓解农户相对贫困吗?——源自河南省 3 278 份农户问卷调查的实证分析 [J]. 华南师范大学学报（社会科学版）(6)：43-56，189-190.

吕君奎，2013. 通用语言、小语种语言与少数民族就业问题研究 [J]. 新疆大学学报（哲学·人文社会科学版），41 (1)：67-70.

马静，刘金林，2020. 少数民族地区推普助力脱贫攻坚的内在机理及实证分析：基于人力资本视角——语言与国家治理系列研究之一 [J]. 民族教育研究，31 (5)：57-69.

马双，赵文博，2019. 方言多样性与流动人口收入——基于 CHFS 的实证研究 [J]. 经济学（季刊），18 (1)：393-414.

倪海曙，1988. 建立全国性的精神交通运输网的重要性和紧迫性——20 年内要完成推广普通话 [J]. 语文建设 (6)：26-29.

潘昆峰，崔盛，2016. 语言能力与大学毕业生的工资溢价［J］. 北京大学教育评论，14（2）：99－112，190.

石琳，2018. 精准扶贫视角下少数民族地区国家通用语言文字普及深化的策略［J］. 社会科学家（4）：150－156.

舒尔茨，1990. 人力资本投资——教育和研究的作用［M］. 蒋斌，张蘅，译. 北京：商务印书馆.

孙海娜，2006. 我国国家通用语——普通话推广的历史考察及其启示［D］. 北京：首都师范大学.

唐曼萍，李后建，2019. 普通话技能的农户减贫效应研究——基于西部民族地区经济社会的调查［J］. 中国经济问题（2）：122－136.

王国洪，2018. 人力资本积累、外出就业对民族地区农村居民收入的影响——基于2013—2015年民族地区大调查数据的实证研究［J］. 民族研究（3）：27－41，123－124.

王海兰，2015. 语言的多层级经济力量分析［J］. 理论学刊（5）：54－60.

王海兰，崔萌，尼玛次仁，2019. “三区三州”地区普通话能力的收入效应研究——以西藏自治区波密县的调查为例［J］. 云南师范大学学报（哲学社会科学版）（4）：49－58.

王海兰，宁继鸣，2014. 基于个体语言技能资本投资特性的语言传播规律分析［J］. 社会科学辑刊（3）：95－100.

王海霞，王钦池，2020. 方言能力如何影响流动人口收入？——基于中国劳动力动态调查数据［J］. 人口与发展（2）：23－35.

王豪杰，2014. 大学生就业中汉语言能力的长效作用分析［J］. 语文建设（29）：79.

王美艳，2005. 城市劳动力市场上的就业机会与工资差异——外来劳动力就业与报酬研究［J］. 中国社会科学（5）：36－46，205.

王兆萍，马小雪，2019. 中国少数民族劳动力普通话能力的语言收入效应［J］. 西北人口，40（1）：71－82.

宴坤，2016. 喀什市维吾尔族国家通用语言文字抽样调查研究［D］. 乌鲁木齐：新疆师范大学.

姚喜双，2012. 大力推广和规范使用国家通用语言文字［J］. 语言文字应用（2）：6－13.

袁同凯，朱筱煦，2020. 发展民族地区教育事业 铸牢中华民族共同体意识［J］. 西北师大学报（社会科学版），57（1）：22－29.

袁微，2018. 二值选择模型内生性检验方法、步骤及Stata应用［J］. 统计与决策，34（6）：15－20.

张嫘，方天堃，2009. 农村人力资本积累指标评价——基于主成分分析法［J］. 农机化研究，31（12）：27－30.

张书赫，王成军，沈政，2020. 非农就业行为中普通话的提质效果及机制研究——基于

CLDS 微观数据的实证分析 [J]. 教育与经济，36 (6)：40-50.

张卫国，2008. 作为人力资本、公共产品和制度的语言：语言经济学的一个基本分析框架 [J]. 经济研究 (2)：144-154.

张卫国，2020. 普通话能力的减贫效应：基于经济、健康和精神维度的经验分析 [J]. 语言文字应用 (4)：37-51.

张学敏，石泽婷，2019. 民族教育发展与中华民族共同体意识建设的内生逻辑——新中国 70 年民族教育及其政策回溯与前瞻 [J]. 西南大学学报（社会科学版），45 (4)：5-18，197.

赵颖，2016. 语言能力对劳动者收入贡献的测度分析 [J]. 经济学动态 (1)：32-43.

周庆生，2019. 中国语言政策研究七十年 [J]. 新疆师范大学学报（哲学社会科学版），40 (6)：2，60-71.

Barry R Chiswick，Paul W Miller，1995. The Endogeneity between Language and Earnings: International Analyses [J]，13 (2)：246-288.

Bormann S K，Ridala S，Toomet O S，2019. Language skills in an ethnically segmented labour market: Estonia 1989 - 2012 [J]. International Journal of Manpower，40 (2) .

Carliner G，1981. Wage Differences by Language Group and the Market for Language Skills in Canada [J]. Journal of Human Resources，16 (3)：384-399.

Carnevale，Anthony P，Fry，et al.，2001. Understanding，Speaking，Reading，Writing，and Earnings in the Immigrant Labor Market [J]. American Economic Review，91 (2)：159-163.

Caviedes A，2003. The Role of Language in Nation-Building within the European Union [J]. Dialectical Anthropology (27)：249-268.

Cooper R L，1989. Language Planning and Social Change [M]. Cambridge: Cambridge University Press：92-100.

Casale D，Posel D，2011. English language proficiency and earnings in a developing country: The case of South Africa [J]. Journal of Socio-Economics，40 (4)：385-393.

Duncan A，Mavisakalyan A，2015. Russian language skills and employment in the Former Soviet Union [J]. Economics of Transition，23 (3)：625-656.

Franqois Grin，2009. The economics of language: survey，assessment，and prospects [J]. International Journal of the Sociology of Language，121 (1)：17-44.

Gao W，Smyth R，2011. Economic returns to speaking 'standard Mandarin' among migrants in China's urban labor market [J]. Monash Economics Working Papers，30 (2)：342-352.

Gao X，Long C X，2014. Cultural border，administrative border，and regional economic development: Evidence from Chinese cities [J]. China Economic Review (30)：247-264.

Gazzola M, Mazzacani D, 2019. Foreign language skills and employment status of European natives: evidence from Germany, Italy and Spain [J]. Empirica (2): 1-28.

Guo Q, Sun W, 2014. Economic returns to English proficiency for college graduates in mainland China [J]. China Economic Review, 30: 290-300.

Isphording I E, 2013. Returns to Local and Foreign Language Skills-Causal Evidence from Spain [J]. SSRN Electronic Journal.

Kevin Lang, 1986. A Language Theory of Discrimination [J]. The Quarterly Journal of Economics, 101 (2): 363-382.

Lazear E, 1999. "Culture and Language", Journal of Political Economy, 107 (6): 95-126.

Moraitis P, Carr A, Daddow A, 2012. Developing and Sustaining New Pedagogies: A Case for Embedding Language, Literacy and Academic Skills in Vocational Education Curriculum [J]. International Journal of Training Research, 10 (1): 58-72.

Schuss E, 2018. The impact of language skills on immigrants' labor market integration: A brief revision with a new approach [J]. The BE Journal of Economic Analysis & Policy, 18 (4).

Shields M A, Price S W, 2002. The English language fluency and occupational success of ethnic minority immigrant men living in English metropolitan areas [J]. Journal of Population Economics, 15 (1): 137-160.

Stöhr Tobias, 2015. The returns to occupational foreign language use: Evidence from Germany [J]. North-Holland (32): 86-98.

Tainer E, 1988. English Language Proficiency and the Determination of Earnings among Foreign-Born Men [J]. Journal of Human Resources, 23 (1): 108-122.

图书在版编目（CIP）数据

国家通用语言文字教育对少数民族劳动力就业及收入的影响效应研究/苏荟，张继珍著. —北京：中国农业出版社，2023.8
ISBN 978-7-109-31657-7

Ⅰ.①国… Ⅱ.①苏… ②张… Ⅲ.①汉语—语言教学—影响—少数民族—民族地区—劳动就业—研究②汉语—语言教学—影响—少数民族—民族地区—收入分配—研究 Ⅳ.①H19②F323.6③F323.8

中国国家版本馆 CIP 数据核字（2024）第 018357 号

中国农业出版社出版
地址：北京市朝阳区麦子店街 18 号楼
邮编：100125
责任编辑：张潇逸　赵　刚
版式设计：小荷博睿　　责任校对：吴丽婷
印刷：北京印刷一厂
版次：2023 年 8 月第 1 版
印次：2023 年 8 月北京第 1 次印刷
发行：新华书店北京发行所
开本：720mm×960mm　1/16
印张：12.25
字数：195 千字
定价：68.00 元
